NILS MINKMAR

Mit dem Kopf
durch die Welt

Ganz persönliche Geschichten
aus der Normalität

S. Fischer

© S. Fischer Verlag GmbH, Frankfurt am Main 2009
Alle Rechte vorbehalten
Satz: Pinkuin Satz und Datentechnik, Berlin
Druck und Bindung: GGP Media GmbH, Pößneck
Printed in Germany
ISBN 978-3-10-048829-9

Für Heike und Johanna

INHALT

UNSERE ZEIT
Eine Einführung

Es gibt keine deutschere Situation als den abendlichen Heimweg nach einer Vereinsvorstandssitzung, rechtzeitig zu Beginn eines Weltmeisterschafts-Viertelfinalspiels. Völlige Ruhe. Wie ging das Gedicht von Arnfrid Astel? »Die Straßen sind leer. Man könnte jetzt Fußball dort spielen.« Und was gibt es zu sehen? Wie stehen die Dinge in Deutschland?

Einst weiß verputzte, nun schon angegraute Häuser mit Panoramascheiben und den gusseisernen Umrissen von drei fliegenden Enten, dazwischen, je nach den Launen des Krieges, einige liebevoll instand gesetzte Altbauten. Oben, auf den Hügeln, strahlen und blinken üppige, brandneue Familienhäuser mit verzinkten Regenrinnen, Bewegungsmeldern und nach allen Seiten überbordenden Satteldächern. Oder kleine, viergeschossige Hochhäuser mit extrabreiten Balkonen.

Die Vorgärten halten eine empfindliche Balance zwischen immergrünen, daher auch friedhofstauglichen Koniferen, Silbertannen und Buchsbaumhecken und modischeren Pflanzen: Gingkobäume, Malven und Ölweidensträucher, Thymian und Lavendel. Manchmal biegt sich ein Magnolienbaum in Richtung des Bürgersteigs. Am frühen Abend kommt der größte Lärm von den Vögeln, die in den Gärten hinter den Häusern leben. Auf den Bürgersteigen erkennt man die Kreidezeichnungen der anwohnenden Kinder noch tagelang. Zwischen ältlichen, aber funktionierenden Straßenlaternen, an denen abgestellte Fahrräder vor sich hin träumen, stehen glänzende, sichere und etwas zu teure Autos. Auf dem Telekomkasten – ein, zwei abblätternde »Oskar«-Aufkleber sind darauf gealtert und nun museal – hat jemand in der Nacht eine Flasche abgestellt, als sei es eine Bartheke. Die Straße lebt im Rhythmus einer zivilen Geschäftigkeit: Fahrten zu Ikea, den Garten neu bepflanzen, Urlaubsreisen, Grillvergnügen, zu hohen Sportübertragungen ist alles ruhig. Man kann die Jahreszeit an den selbstgemachten Fensterdekorationen ablesen. Bei Dunkelheit löst man im Vorübergehen die Bewegungsmelder aus, vor jedem Eingang geht eine Leuchte an und begleitet den Spaziergänger wie ein Showeffekt.

Es ist die längste Friedensperiode der Neuzeit.

Sicher – würde man an einer beliebigen Tür klingeln, dann an noch einer, hätte man bald das große Rad der Sorgen umrissen: Hier grübelt jemand über einem medizinischen Befund, dort ist der Job unsicher, schlecht bezahlt oder zu anstrengend, woanders gibt es Kummer mit der Wohnung, der Familie oder der Liebe. Schulden, Sucht und Krankheiten spielen Schicksal. Doch von einer anderen Warte besehen, von der nahezu aller Menschen, die vor uns auf der Erde gelebt haben, und der krassen Mehrheit derer, die derzeit mit uns diesen Planeten bewohnen, kommt der wenig raffinierte, aber friedvolle und liberale bundesdeutsche Alltag dem sehr nahe, was sich heute längst tote Menschen unter einem erlösten Leben vorgestellt haben. Ein Paradies mit Postleitzahl.

Zugegeben: Im Paradies würden nicht Dutzende von selbstgefertigten oder zumindest selbst angebrachten Schildern die Straße zutexten: Bitte keinen Müll abstellen. Grünmüll bitte in die dafür vorgesehene Tonne. Hier nicht parken, dort nicht parken, wirklich nicht parken, dies ist

kein Hundeklo, Feuerwehr-, Arzt- und Pizzabotendurch-
fahrten freihalten, Durchgang zur Steckdose für das E-Au-
to nicht blockieren, Elektromotor nicht behindern, Eltern
haften für ihre Kinder, Vorsicht bissiger Hund, beherzte
Katze und, mir etwas zu kommunikativ, an der Haustür:
»Hier wohnen, lieben und streiten sich Jürgen, Kathrin,
Felix und Lara Krause.«

Was soll das übrigens mit all den Schildern? Warum
kann man denen, die es angeht, nicht sagen, worum es
geht? Rätselhaftes Deutschland.

Zur Not wird das Paradies eben inszeniert, und wo die
Engel auf sich warten lassen, ruft man eine Eventagentur.
Geld und Glamour eines deutschen Medienpreises machen
es möglich, selbst im Neuköllner Estrel Hotel: Exotischer
Blumenschmuck, Champagnergläser, die von eleganten
Schönheiten durch eine Halle manövriert werden, man
braucht bloß die Hand auszustrecken. Zigarren, ambitionierte Vorspeisen in Gläsern, Rückendekolletés und berühmte Persönlichkeiten, die flüsternden Höhen einer Ca-
fé-Costes-artigen Sphärenmusik. Die etwas längeren Gänge, die von der Pre- zur Aftershowparty führen, wurden
mit Samt verkleidet, an beiden Seiten stehen nicht eine,
nicht fünf, sondern vielleicht gleich sechzig auffallend schöne junge Frauen, um die leeren Gläser abzunehmen. Hat
man eines, zwei oder drei ausgetrunken? Egal, es könnten
auch hundert sein, man könnte damit duschen, es herrscht
das Prinzip der scheinbar unendlichen Multiplikation des
Raren. Früher musste man dazu erst mal sterben und ein
Leben lang fromm gewesen sein. Heute reicht das richtige
Bändchen ums Handgelenk. Genau das fehlt dem Kollegen neben mir, dabei hatte er sich extra einen Smoking
angezogen und war in Begleitung gekommen. Er trug ein
weißes Bändchen und war für eine sogenannte Lounge

eingeteilt, räumlich separiert von den großen Stars, aber doch immerhin bestens betreut, verpflegt und unterhalten, alles natürlich völlig umsonst. Am späteren Abend würden die Zonen zusammengelegt, er war also nicht auf ewig ausgeschlossen. An seiner Wut änderte das wenig. Als die Hostess ihm die Sache mit den Bändchen erneut erklärte, ging er in die Luft: »Das nennt man Selektion. Das hatten wir schon mal in Deutschland!«

Niemand will die deutsche Geschichte verschweigen. Aber nicht immer ist der Moment ganz angemessen.

Doch auch in einer deutschen Straße ist sie da: Nicht nur die Stolpersteine, die uns darüber Auskunft geben, welche Juden in den Häusern gelebt haben, bevor sie abtransportiert und ermordet wurden, die Erinnerungstafeln oder vergessenen Graffitis, auch der spazierende Körper selbst ist ein Produkt der Geschichte. Kaum zu glauben: Mitten in Europa, als Junge geboren, habe ich keinen einzigen Tag, nicht mal eine Stunde, Uniform getragen. Es gab eine Musterung – eine banale Veranstaltung, die unbedingt grimmig tun wollte, aber daraus folgte nichts, denn ich war damals Student, und als ich das Kapitel beendet hatte, fiel die Mauer, unser Land war größer, hatte keine Feinde mehr und dafür eine Armee zu viel.

Mein Vater war noch, wenn auch kurz, bei der Bundeswehr und unter anderem bei der Hamburger Flutkatastrophe im Einsatz. Sein Vater, mein deutscher Großvater also, entkam dem Krieg nur durch eine schwere chronische Krankheit. Für meinen französischen Großvater stellte sich die Frage gar nicht: Sein Vater war im Ersten Weltkrieg umgekommen, daher wuchs er als sogenannter Zögling der Nation im Rhythmus todesverehrender militärischer Veranstaltungen auf, mit fünfzehn war ihm klar, dass auch er gegen Deutschland in den Krieg ziehen würde.

Als einer der ersten Männer seit vielen Jahrhunderten,

seit dem Aufkommen der Volksheere nach der Französischen Revolution – davor wurde das Kriegführen den Profis überlassen –, bin ich nicht durch die Zugehörigkeit zu einem Regiment zu identifizieren – früher eine Selbstverständlichkeit. Ich gehöre keiner Religion und keinem förmlichen Stand an und konnte mein Leben lang machen, was ich wollte. Ich hätte, wenn es etwas für mich gewesen wäre, schwul werden können und Hare Krishna, Musik machen oder Geld, abgeschieden in den USA leben oder im Zentrum des europäischen Geschehens, in Dudweiler/Saar bleiben.

Diese Offenheit, von der meine Generation als erste von Anfang an profitierte, bringt völlig neue Fragen mit sich. Ich meine damit nicht die kitschigen Appelle, mit denen die Umweltbewegung uns seit Jahrzehnten traktiert, die immer zu abstrakt sind, weil sie den ganzen Planeten zu retten aufgeben, ewig wachrütteln wollen, wo man vor Sorge doch keinen Schlaf mehr findet, es generell immer fünf vor Zwölf ist, und wenn es so ist, kann man ja auch noch eben das Ende abwarten. Beim Gang durch so eine herrlich normale Straße stellen sich Fragen ganz anders, etwa so: Tun wir genug? In keinem Haus, in keiner Wohnung wird gehungert – auch wenn es seltsamerweise nicht mehr so oft nach Essen riecht wie in meiner Kindheit. Wird weniger gekocht, oder entwickeln die Zubereitungsarten weniger Düfte? Wird einfach weniger frittiert und geschmort? Tiefkühlpizzas duften kaum, aber auch gesundes, gedämpftes Gemüse nicht, also wer weiß.

Keine ausgefallene Mahlzeit in vierzig Jahren, keine Gewalterfahrung außerhalb von Schulhöfen und Sportplätzen, gegen die nicht die Polizei in kurzer Frist eingeschritten wäre, Enteignung nur durch stürzende Kurse – nichts hat uns gehindert, und wo ist all die Energie hingegangen? Wenn man die liebevoll getunten Autos, die aufwendigen

Hobbyräume und kunstvoll angelegten Gärten bestaunt, kann man sich schon Fragen stellen.

Selten, dass ich beim Gang durch eine deutsche Straße nicht an Helmut Kohl denken muss und seinen Satz »Die Deutschen sind heute ein Volk, die ihr Glück im Privaten suchen«. Nie konnte man so gut wohnen – geheizt, sicher und mit wem man will, wenn es sein soll, eben auch ganz allein – und sich so einrichten, wie es einem gefällt, und dank Ikea lässt sich das alles auch noch einigermaßen bezahlen. Oder, umgekehrt, wenn der Lichtschalter aussehen soll wie aus einer Thomas-Mann-Verfilmung, sich von Manufactum jedes Detail in einer rücksichtslosen Authentizität beschaffen, echter als jedes Original! Sehr viele wohnen allerdings weder so noch so, sondern in Gegenwart einer Menge Plüschtiere, zwischen Kissen und auf einer Sofalandschaft, fließend wie eine Dalí-Uhr, es kann ihnen nie warm, weich und tröstend genug sein. Woher so viel Kummer?

Man kann sich von der betörenden Stille, der Friedlichkeit einer deutschen Straße an einem Sonntagabend im Sommer nur schwer lösen. Und doch sind die verstörenden Beobachtungen auch da: Kommt mir auf dem Bürgersteig einer mit dunkler Hautfarbe entgegen, weicht er mir ganz ohne Anlass und noch vor jedem Augenkontakt aus, er hat offenbar genug Erfahrungen verinnerlicht, wer Vorfahrt hat auf deutschen Straßen.

Man sieht nicht alles: Seit fünfzehn Jahren, und dann immer schneller, ist eine Straße nicht mehr bloß eine Straße. Egal wie verschlafen, entrückt oder abgelegen die Adresse ist – in den Weiten des Internets spielt die Postleitzahl keine Rolle mehr. Mit dem Netz verbunden zu sein heißt, nicht nur den großen wichtigen Strömen folgen zu können, sondern vor allem den winzigen speziellen, den Hobbys und Spezialfragen nach der besten aller guten Digitalkameras, dem perfekten japanischen Füller oder den billigsten Kinderfahrrädern.

Manchmal treffen sie kurios aufeinander, die eleganten Höhen der digitalen Sphäre und die historischen Fundamente einer deutschen Straße.

»Einen Moment bitte, da schau ich gleich mal nach ...« Die Dame aus dem Call-Center der Telekom will mir helfen, sie ist sehr nett, doch bald kommt sie mit einer besorgten Stimme zurück, wie man sie sich beim Arzt so gar nicht wünscht. »Also es gibt da leider ein Problem mit Ihrer Rechnung, da scheint noch etwas offen zu sein, offenbar ein größerer Betrag, Ihr Anschluss ist gesperrt.« Ich bleibe gefasst, alle Rechnungen werden abgebucht, das Konto ist ausgeglichen. Wieder klickt sich die Dame weg und verbindet mich mit einer Kollegin. Die Sache sei nun nochmal geprüft worden, der Fehler liegt woanders: Ameisen hätten offenbar die Papierummantelung der Kupferkabel aufgegessen, da unten in der Erde, da müsse die Leitung gewechselt werden. Ich kann über eine DSL-Leitung die Wahlkampfauftritte von Barack Obama live von meinem Schreibtisch aus verfolgen, allerdings nur so lange, bis die Insekten in deutscher Erde Hunger kriegen – wie ein ferner Gruß von Ernst Jünger.

Manchmal funktioniert die Verbindung. Dann kommt es vor, in einer gewissen Stimmung, dass ich dort nach alten Schulfreunden suche. Der Browser erzählt mir von ihnen, zoomt auf das Leben dieser anderen, die die längste Zeit und als ich sie noch täglich begleitete – frierend und unsicher in Parkas unter den Kastanien des Schulhofs, ängstlich die Busfahrpläne studierend – noch gar nichts ahnen konnten von Suchmaschinen, digitalen Bildern und Homepages. Trotzdem sind sie da, zappeln munter im Netz – im besten Fall. Wer gar nicht vorkommt, um den mache ich mir

Sorgen, abstrakt, aus der Ferne: Ist er in keinem Verein? Hat die Firma keine Homepage? Verfolgt er kein Hobby intensiv genug, um sich in Diskussionen einzumischen?

Einmal hatte ich den seltenen Namen eines alten Banknachbarn eingetippt, da erschien mir ein riesiger Kopf auf dem Bildschirm, eine Glatze und ein prachtvoller Nacken, die Haut schien wie lackiert. Sicher ein Fehler. Denn der Junge, der einmal diesen Namen trug, war ein unsportlicher Nerd gewesen. Ich kannte seine Eltern, ein nettes, ausgesprochen bildungsbürgerliches Paar, wie es das in meiner alten Heimat nur selten gibt, der Junge war ihr einziges Kind. Wir haben zusammen gelernt, weder mit Sport noch mit Jungs hatte er damals was im Sinn. Modellflugzuge waren seine Passion.

Neben dem Kopf gab es auf dieser Seite noch ein Ganzkörperbild von einer Ganzkörperskulptur, ein Bodybuilder in einem pinken Tangaslip. Es waren Fotos von einem kanadischen Körperkulturwettbewerb. In einem Statement schrieb mein früherer Klassenkamerad, dass er nur deswegen nicht gewinne, weil er ein Leben lang drogenfrei geblieben sei – und zwar anders als seine Mitbewerber! Dieser Ton kam mir bekannter vor als das Gesicht. Der nordamerikanische Bodybuilder betrieb auch einen Versandhandel mit Miniaturflugzeugen. Als deutsche Bestellanschrift war die Heimatanschrift seiner Eltern angegeben.

Hätten wir je gewettet – wie groß standen die Chancen, dass einer von uns diese Entwicklung richtig getippt hätte? Und wie groß dafür, dass eines Tages eine Maschine auf dem Tisch stehen würde, die mir Fotos aus Kanada zeigen würde, live, in Farbe und kostenlos? Und überflüssig.

Ein Sonderfall? Eigentlich nicht: Die Unvorhersehbarkeit der Lebensläufe ist heute das verbindende Element, nicht mehr ihre schicht- und klassenspezifische Ähnlichkeit; die Unvorhersehbarkeit aber auch der Veränderungen unseres Alltags, unserer Lebenswelt.

Keiner hat den Islamismus kommen sehen, noch heute gibt es auf ihn keine Antwort. Google hat in zehn Jahren mindestens ebenso viel für die Egalisierung des Zugangs zu Wissen getan wie sozialdemokratische Bibliotheks- und Volksbildungspolitik in hundertfünfzig Jahren. Es hat unseren Zugriff auf das Bild und den Text der Welt revolutioniert. Die SMS wurde zum privaten wie politischen Leitmedium. Die folgenreichste feministische Politik wird von einer CDU-Ministerin und außerdem der Tochter des einst unter allen Linksliberalen berüchtigten Ernst Albrecht betrieben. Die Frau Oskar Lafontaines streitet demgegenüber für die Würde der Hausfrau, und eine Elchjägerin ohne Plan wollte die nächste amerikanische Vizepräsidentin werden.

Und dann war ja noch die Krise: Amerikanische Republikaner und eine britische New-Labour-Regierung haben mehr Banken verstaatlicht, als sich Hugo Chavez je hätte träumen lassen. Die dramatische Finanzkrise, in der der Zahlungsverkehr zwischen Banken fast ganz zum Erliegen gekommen war und eine dramatische Rettungsaktion mit dem Geld der Steuerzahler nötig wurde, ließ auch den frommsten Neoliberalen keine Wahl. Es war, knapp zwanzig Jahre nach dem Fall der Mauer, der zweite krachende Zusammenbruch einer weltumspannenden Ideologie, die für manchen Religionsersatz war, sektenähnlichen Charakter hatte sie schon lang angenommen.

Um so freier und offener liegt seither das Feld der Gedanken, der Blick auf den Horizont liegt frei, manche beschwingt das, anderen macht es das Herz schwer.

Ereignisse und Prozesse, die noch in den 70er Jahren über Monate die Medien und die Öffentlichkeit beschäftigt hätten, sorgen höchstens wochenweise für Stoff, die großen, langfristigen Wandlungen nachzuvollziehen und zu erklären, das stellt Zeitungen und Fernsehen vor große Herausforderungen.

Themen wie Sterben, Wohnen, Arbeiten und Lernen, von Freundschaften, Liebe und Familie ganz zu schweigen sind kaum noch mit den Geschichten und Mustern der Alten zu verstehen – allein schon, weil die heutigen Alten gar keine Zeit mehr für lange Abende am Kamin haben, sie sind nämlich mit dem Mountainbike unterwegs, in Australien, oder sie heiraten.

Man kann diese Veränderungen analysieren, in Excel-Tabellen und Powerpointpräsentationen darstellen, Beschreibungen in dicke Wälzer binden oder es sein lassen: Bis der Stoff durchgenommen ist, hat sich die Lage längst wieder verändert. In meinem Regal steht noch ein dickes Werk über den unaufhaltsamen Aufstieg von Netscape und zahllose über das Ende von Deutschland. Sie wurden eine Saison später durch die Werke zum neuen National- und Aufstiegsgefühl ersetzt.

Man kann sich anders einen Reim machen: Man kann den tiefgreifenden Wandel unserer bundesdeutschen Lebenswelt auch in Geschichten fassen. Es ist eine Selbstvergewisserung, aber auch ein Zeugnis über eine Epoche abermals beschleunigter Unübersichtlichkeit, in der uns die Tage nur so um die Ohren schwirren: War nicht gestern noch der Staat übel, krank und pleite? Nun sprudelt das Geld der Haushälter wieder, während die Börsen einen besorgniserregend blassen Eindruck machen. Ist mit dem Fortschreiten der Technik und Wissenschaft die Religion nicht auf dem Rückzug? Warum entkommt man ihr dann immer weniger?

Die Geschlechterrollen und die Arbeitswelt, die Bildungswege und Wohnformen, die Arbeitswelt und das

Rechtssystem, aber auch unser Umgang mit dem Tod, mit Freundschaft und Familie – alles was dem Alltag seine Form verleiht, wandelt sich in nie dagewesenem Maße. Wer um 1530 gestorben und ein Jahrhundert später auferstanden wäre, hätte die Welt sofort wieder verstanden: Landwirtschaft, Kirche, Adel und Militär waren die Säulen der Gesellschaft. Die Namen der Machthaber, der Umfang und der Name der Staaten hätten gewechselt, aber die Prinzipien wären die gleichen geblieben. Der Alltag, die Abhängigkeit der Arbeit vom Rhythmus der Jahreszeiten hätte sich gar nicht geändert. Er hätte auch 1730 und 1830 wiedererweckt werden können und hätte sein Leben mit harter Arbeit an denselben Pflanzen und Tieren, mit Wind, Wasser und etwas Holz als den einzigen Energielieferanten wieder aufnehmen können. Einer, der 1930 gestorben ist, nach einem Leben im Kaiserreich, in der Gründerzeit, dem Ersten Weltkrieg und den Krisenjahren, würde sich schon nach einem halben Jahrhundert, also um 1980, nicht mehr zurechtfinden: Die Frauenbewegung, die Desindustrialisierung, der Massenkonsum sowie der völlige Kursverfall des Militärs, der Kirche und der Vaterlandsliebe würden ihn gleich wieder umhauen.

Den Kindern des Jahrgangs 2030 wird unser digitales Herumgefuchtel in den Gefechten mit den Eva Hermans und den Taliban einfach nur schräg vorkommen. Das gilt besonders für Deutschland: Unser Zeitempfinden ist irgendwie verdreht: Während in Shanghai Häuser aus den 1980er Jahren als antik gelten und mit großer Herzenslust abgerissen werden, die ollen Dinger, sind wir fest in der Hand einer Gedenk- und Geburtstagskultur, in der Helmut Schmidt immer Bundeskanzler ist, am Checkpoint Charlie die Panzer stehen und immer wieder die Stimme von Adolf Hitler ertönt. Aber vielleicht muss das auch so sein.

Die Frage, die sich, nach all den Achsenverschiebungen und historischen Neuerungen subversiv unter die Betrachtung unseres modernen Alltags schmuggelt, lautet: Ist das noch normal? Geräte kann man, wenn man zu viel und vergeblich daran herumgefummelt hat, auf Werkseinstellung zurücksetzen, Computer gehen in den *default mode*. Wie geht der aber für unser Leben?

Ich befürchte, wir müssen auf dem Weg zu einer Antwort ganz klein anfangen:

Als ich mit meiner Mutter aufwuchs, unter Studenten, Späthippies und Aussteigern und im Wesentlichen gescheiterten, aber fröhlichen und vor allem, wie das damalige Zauberwort lautete, »unangepassten« Menschen, kam ab und zu die Frage auf, wer denn die Stützen der Gesellschaft seien, die Bürgerlichen, die Deutschen, die ganz normalen Leute, die das Land zu dem machen, was es ist? Wir kannten Rentner, Beamte, kleine Angestellte, aber nicht die wirkliche Durchschnittsfamilie – oder wenn, dann höchstens die Ehefrauen, ich die Kinder, aber wer waren in dieser Männergesellschaft die tragenden Stützen der ganzen Sache? Was dachten sie sich eigentlich? Und wo waren sie den ganzen Tag?

Meine Mutter nannte dann immer eine Berufsgruppe, die uns besonders fern war, nämlich *les ingenieurs*. Wir waren in Deutschland, in Deutschland waren die Leute praktisch, das wurde hier geschätzt, und das ganze frisch aufgebaute Land ruhte auf Säulen, die les ingenieurs berechnet, gegossen und zum Schluss noch festgedübelt hatten.

Ingenieure waren die Väter meiner merkwürdigen Klassenkameraden mit Aktenkoffer, Parka und Quarzuhr, Ingenieure waren die Männer in den Autos im Stau, Ingenieure waren die CDU-Wähler, Ingenieure machten das ganze Land behäbig, wenig aufregend, aber auch berechenbar und zuverlässig.

In all den Jahren haben wir nur einen einzigen Ingenieur kennengelernt, den Stiefvater eines Klassenkameraden, der zur Glatze einen langen Bart trug, sich als Aussteiger gerierte und froh war, kein solcher Ingenieur zu sein, wie es die anderen Ingenieure waren.

Viele Jahre später erst sollte ich die Gelegenheit haben, diese seltene Spezies besser studieren zu können, auf einer Zugfahrt von Leipzig nach Berlin. Sie saßen direkt hinter mir, zwei ausgewachsene Exemplare: Ingenieure, Familienväter, auf der Rückfahrt von einer Dienstreise. Sie waren schon etwas müde und plauderten über die sich verändernden Zeiten. Ihre Töchter und Frauen waren mehr oder minder der Ökologie verfallen und hegten gegenüber den Großprojekten, die die beiden im Nachwende-Mitteldeutschland zu realisieren hatten, große Skepsis. Die Freunde und Nachbarn schwärmten von Ausflügen zur Shopping Mall, von Marken und Produkten, die diesen beiden unseriös und irgendwie peinlich vorkamen. Ihre Söhne, die gut in der Schule waren, hatten den Kopf längst woanders, in den USA, wo sie immerzu hinflogen und dann mit völlig unverständlichen Anspielungen und Flausen zurückkamen. Ihre Chefs und Kollegen hatten das Ersparte in die Börse gesteckt und redeten nur noch von den Indizes und Märkten, eine finanzielle Aufregung, die irgendwie unter ihrer Würde war.

Fernsehen, Marken, Politiker, auf keinem Gebiet fanden sich diese beiden braven Männer wieder, alles zu grell und bunt, zu aufgeregt. Ihre spezifischen Werte und Tugenden, Sorgfalt und diese stille Freude an der eigenen Biederkeit, das alles war an den Rand gerückt. Ingenieure waren nun Exzentriker.

Da, als Zuhörer eine Reihe vor ihnen, kapierte ich: Normal war heute sonderbar. Diese Männer waren an den Rand der Gesellschaft gerückt und fanden sich kulturell kaum zurecht. Ich, damals um die dreißig, Single und in den Medien arbeitend, fand mich hingegen in all den von ihnen als so irritierend beschriebenen Feldern bestens zurecht. In diesem Großraumwagen überlief mich der Schauer der Erkenntnis: Normal war jetzt ich.

Von dieser Verwandlung handeln die Texte dieses Buches. Sie kommen, obwohl sie eine essayistische Gestalt haben, fast ganz ohne Zitate aus. Wer in den Jahren der Postmoderne studiert hat, wird sich für einen noch so ironischen Umgang mit dem Fundus der abendländischen Geistesgeschichte nicht mehr begeistern können. Leicht fänden sich zu den hier behandelten Themen ganze Zettelkästen an Weisheiten von den Vorsokratikern bis zu Daniel Kehlmann, aber die Kunst der Collage hat, für mich, etwas von intellektuellem Puzzlespiel, es beruhigt und hilft, lange Winterabende zu gestalten, unterdessen aber ist uns eine ganz neue Landschaft erblüht, die mit frischem Blick betrachtet werden muss. Es verhält sich bei uns einst mit Lyotard und Umberto Eco akademisch sozialisierten Studenten wie mit Obelix und dem Zaubertrank: Bitte nicht mehr nachschenken, wir sind als Kind hineingefallen.

Die Geschichten, *personal essays*, dieses Buches behandeln moderne Kerngebiete des Normalen: Politik, Religion, das Verhältnis des modernen Mannes zu seinem Sitzplatz und der Welt überhaupt sowie Wohnungsumzüge.

Der erste Text beschreibt Erfahrungen in der Studentenpolitik, vom Rande der Weltpolitik und warum Politik doch die ultimative Droge der Gegenwart, das Koffein im Volkskörper ist.

»Die Götter von Dudweiler« schildert meine Reise durch verschiedene Manifestationen des Islamismus, von Begegnungen mit Tariq Ramadan und Ayaan Hirsi Ali zur Dudweiler Hinterhofmoschee, über der Daniel S. lebte, sowie die unfreiwilligen Kontakte als Atheist mit alltäglichem Katholizismus.

In »Moneyshot in der Wolfsschanze« geht es um die kontinuierliche, brennende Präsenz des Nationalsozialismus in den Medien. Die titelgebende Fahrt war eine Reise auf Einladung des Discovery Channel nach Ostpreußen, in die Wolfsschanze, wo ein digital animierter Film über den 20. Juli 1944 vorgeführt wurde, wobei Hitlers Gesicht in Großaufnahme der Bringer sein sollte.

Die Rolle des Mannes ist besonders dramatischen Wandlungen unterworfen: von der einer Stütze der Gesellschaft zu einer weniger behaarten Variante des Problembären. Dies kann man am besten in der gewöhnlichen, nicht freien, nicht wilden Bahn beobachten, wo sie der zentralen Frage »Ist das nicht mein Sitzplatz?« nachgehen und hektisch in artifizielle Welten abtauchen.

Das moderne Leben, wie wir es heute im Westen führen können, zeichnet sich durch nie zuvor gesehene Leichtigkeit und Komfort für eine Rekordmenge an Menschen aus, eine weltgeschichtliche Leistung. Dass dennoch nicht immer alle fröhlich sind, liegt daran, dass sie so oft umziehen müssen, wollen oder sollen. An jeder Weiche des Lebens steht ein Umzugswagen, über die Schilderung der Wohnungen kann man ein ganzes Leben abbilden. Und am Ende eines jeden Tages steht eine fundamentale Frage: Spaghetti oder Scheck, hat man also soziale Ressourcen bemüht und muss für die Helfer kochen, oder waren es bloß ökonomische, und wer bleibt am Abend mit den Kartons allein? Der krisenhaften Kontraktion allen irdischen Besitzes in Kartons und LKWs ist diese Phänomenologie gewidmet, die mit dem Vorschlag endet, der gesamte Planet solle mit Mann und Mäusen einen Umzug planen, Angebote werden bei ZAPF bereits eingeholt.

Beginnen sollte man mit dem Anfang, weil sich in ihm, wie uns die Klassiker lehren, das Ende schon spiegelt. Ich wuchs in eine ebenso singuläre wie faszinierende Weltdeutung hinein, die es vermochte, das schlechte Brot der Boulangerie Teissier, den Zweiten Weltkrieg, Links und Rechts, Leben und Tod in ein geschlossenes theoretisches System zu fügen, dessen wichtigstes Element aus einer symbolischen Praxis bestand: der Zubereitung des Mittagessens.

DAS PAKET
Über das Totsein und die Essen davor

Es war am ersten Tag der Sommerferien. Beim Einräumen meiner Sachen in den Wandschrank unseres Ferienhauses entdeckte ich zwischen alten Turnschuhen einen kleinen Karton, den jemand auf dem Fußboden abgestellt hatte. Auf diesem Karton stand mit dickem Filzstift der Vor- und Nachname meines Großvaters. Post für ihn war es nicht, er bekam kaum noch Post, schließlich war er schon drei Jahre tot.

Auf der Pappe klebte ein grüner Aufkleber, ein Firmenname, zusammengezogen aus Funerarium und Europa. Das Päckchen ging nicht an meinen Opa, das Paket enthielt meinen Opa.

Jahre nach seinem Tod hatte sich mein Cousin ein Herz gefasst, die Urne von Marseille, wo mein Opa während der Hitzewelle 2003 gestorben war, an die Atlantikküste zu dessen geliebtem Ferienhaus zu fahren. Der Mut hatte dann aber nicht mehr dafür gereicht, sich auch eine definitive Lagerstätte auszudenken.

Mein Großvater war, nach einer Kindheit im dunklen Schatten der Kirche, immer antiklerikal gewesen. In der Familie war man an Ritualen und Symbolen nur dann interessiert, wenn sie das Essen oder die Schulbildung betrafen, und selbst dann nur schwach. Der Tod fiel in keine dieser Kategorien, der eigene schon gar nicht.

Was tun mit dem Ding? Es war ein heller Sommervormittag, das ganze Haus voller Leben, dieses Paket voller Tod lag schon ziemlich blöd herum.

Es kam eigentlich nur ein Platz in Frage, um Urne plus Inhalt dauerhaft zu lagern, nämlich ein ganz bestimmter Fleck im Garten. Aber man kann schlecht mitten in der Ferienzeit eine Urne vergraben. So etwas geht nur am Mittwoch. Mittwochs ist Markt. Jeder in unserem Haus und vor allem unsere aufmerksamen und abergläubigen italienischstämmigen Nachbarn verlassen zu dieser Zeit die Feriensiedlung für einige Stunden. Das musste als Zeitfenster genügen. Die Paroli hatten meinen Großvater ein halbes Leben lang gekannt und verehrt, und der Gedanke, dass seine Urne neben ihrem Garten ruht, hätte sie zu heimlichen exorzistischen Maßnahmen gezwungen.

Selbst ich, einigermaßen ungläubig, schlief die paar Nächte bis zum Mittwoch eher unruhig. Mittwoch früh gegen halb elf hörte ich den Mercedes der Nachbarn abfahren. Ich ging mit einem Spaten in den Garten und fing an zu graben, den genauen Platz zu bestimmen war mir nicht schwer gefallen, auf halber Strecke zwischen dem Lieblingssessel meines Opas und der Düne, hinter der die untergehende Sonne ein rosa Licht erzeugte, von dem er in einer selbstironisch kitschigen Weise allabendlich schwärmte. Der Sandboden ließ sich verdächtig schnell wegschaufeln, dann kam das dichte Geflecht aus Pinienwurzeln, das die sandigen Ebenen überhaupt erst zusammenhielt, beim Graben aber nervt. Aber ich kam ganz gut voran.

Das ganze Dorf war auf dem Markt zwischen Spiderman-Frotteehandtüchern, Bienenhonigbonbons, Wundermessern und gaunerhaften Baskenständen, deren krass überhöhte Preise sicher direkt die ETA-Kassen alimentierten: Bergkäse für Waffen.

Als mir das Loch tief genug erschien, rannte ich, es war nun fast Mittag und nicht nur heiß, sondern vor allem bedrohlich nah an der allgemeinen Mittagsessenszeit, ich rannte also ins Haus und klemmte mir das Päckchen unter den Arm.

Der Deckel der Urne ließ sich abnehmen, darunter war aber keine Asche, sondern ein weiterer Deckel aus Leichtmetall, verschweißt, wie ich in der Hektik panisch, aber falsch vermutete.

Trotzdem musste das Blechding herunter, und zwar einigermaßen rasch und geräuschlos. Zwischen der Asche meines Großvaters und dem sandigen Grund war nur noch diese Schicht Metall. Ein Besucher oder Nachbar hätte mich nun fluchend und verschwitzt in Jeans und Polohemd mit einer Urne im Arm neben einem tiefen Loch entdeckt und sich ordentlich erschrocken. Normal sah das nicht aus.

Ich ließ alles, wie es war, und lief in die Küche, durchsuchte die Schubladen, bis ich das perfekte Werkzeug hatte: ein Austernmesser. Was für die dicken Schalentiere wirksam ist, dürfte auch mit so einem Deckel fertig werden. Tatsächlich ließ sich der Blechdeckel schnell so öffnen, dass der Inhalt der Urne erkennbar wurde. Es war weniger Asche als ein trockenes, weißes Granulat, das gar nicht staubte. Ich ließ es in die Erde rieseln, weniger von pietätvollen Gedanken beseelt als von dem Bestreben, vor dem Mittagessen, das die Nachbarn auf der rückwärtigen Terrasse einnehmen, alle Spuren beseitigt zu haben.

Kaum war die Urne leer, war sie bloß ein billiges Kunststoffgefäß, sie und der Karton kamen in den normalen Hausmüll, so wie es zu der maximal lakonischen Einstellung meines Großvaters zu seinem eigenen Tod passte.

»Ob ich mit geöffneter Hemdbrust auf dem Schlachtfeld den Heldentod sterbe oder mit Zitronenscheiben zwischen den Zehen und Petersilie in den Ohren …«, sagt eine Figur aus dem Comic Les Bleus, in dem zwei schlaue Soldaten der Konföderierten die todessehnsüchtigen Befehle ihres leicht debilen Generals umgehen müssen, ein Zitat, das sehr gut die Einstellung meines Großvaters zu zwei zentralen Dingen seines Lebens beschreibt, dem Krieg und dem Essen. Sein bestes Argument war stets, dass die Generäle überleben, während die armen Soldaten dran glauben müssen. Den Zweiten Weltkrieg, wie es heute üblich ist, als guten Krieg und die französische Seite als die moralisch überlegene zu bewerten, dem hätte er sicher nicht widersprochen, aber er hätte solch ein Urteil doch als eines erkannt, das gerne von solchen gefällt wird, die noch nie planlos über ein Feld gerannt sind, während sie von irgendwoher unter Beschuss genommen wurden. Im Übrigen hielt er die Pétain-Truppe für ebensolche Gauner wie die Wehrmacht, und er hat de Gaulle nie ausstehen können.

Den ihm von Kindheit an gepriesenen und beinahe auch tatsächlich zugedachten Heldentod ausgelassen zu haben, empfand er als seinen eigentlichen Triumph im Leben. Als Halbwaise mit einem weiteren Bruder aus einer Flüchtlingsfamilie passte er perfekt ins Beuteschema aller Kanonenfutterbeschaffer. Er wäre dann, so sah er es, im heroischen Einsatz gegen ein Land gefallen, durch dessen Fußgängerzonen er wenige Jahre später schlenderte und wo er sich die Marzipankartoffeln schmecken ließ. Der passende Ort für Orden und Medaillen aller Art sei das Klo, bekräftigte er wieder und wieder.

Das unerwartet andauernde Leben wollte zelebriert und bewusst genossen werden. Mein Opa dachte da nicht an Meditation, Zen oder Flow, den Prozess vollendeter Kreativität nach Mihaly Csikszentmihalyi – er dachte an Mittagessen.

Das Essen war daher nicht bloß eine Leidenschaft oder ein Hobby, es war eine bedenkliche Zwangsstörung und eine Art Religion, eine komplexe Weltdeutung jedenfalls, in der es um gebratenes Rindfleisch ging.

Lange bin ich spät aufgestanden. In der riesigen Dienstwohnung, die meine Großeltern in Bordeaux oberhalb
der Berufsschule in der Rue du Jardin Public bewohnten,
wurde ich erst durch die Klingel, vor allem aber durch
den fernen Lärm von Hunderten von Schülern wach, die
zur großen Pause rannten. Im Pyjama vom dritten oder
vierten Stock aus auf einen vollen Schulhof zu blicken ist
eigentlich eine köstliche Vormittagsbeschäftigung für einen Acht- oder Neunjährigen, aber mir war es seltsam
gleichgültig. Dass dieses Gebäude eine Schule war und
mein Großvater ihr Direktor, wusste ich zwar, ich nahm
diese Information aber nicht sonderlich ernst.

Ernst wurde es erst kurz nach zwölf und begann mit der
immergleichen Travestie: Mein Großvater kam die Treppen hoch, tauschte seine kurze, graue Anzugjacke (wie sie
Louis de Funès in seinen Rollen als Direktor immer trägt)
gegen die grün-weiß gemusterte Schürze meiner Großmutter. Er band sich – wegen der Krawatte – meistens
auch das obere Teil um. Die Seiten bogen sich in albernen
Volants, unverkennbar war es eine Frauenschürze, ein Anflug von »Charleys Tante«, aber dies, seine ernste Miene
machte es klar, war keine Verkleidung.

Wenn man die Küche betrat, eine große, hohe Ar-
beitsküche ohne Fenster, aber mit einem riesigen Abzug
und irgendwo einer Dachluke, ganz so, wie sie heute in
Wohnzeitschriften mit Liebe nachgebildet werden, klap-
perte glockenhell eine der schwarzweißen Bodenkacheln.
Die Schürze und das Kachelnklappern waren das Deko-
rum, die ernste Miene und die mit höchster Genugtuung
und Konzentration am Kühlschrank und dann am Herd
vollzogenen Handgriffe waren unmissverständlich: Nun
steuerte auch dieser Tag auf seinen ersten Höhepunkt zu:
Das Steak, in längst adaptiertem Franglais im ganzen Land
als *le bifteck* bekannt.

Die Frage, wie man es aß, entschied über alles. Fast sechzig Jahre lang währte der Streit zwischen meiner Mutter und ihrem Vater über den richtigen Grad der Cuisson. Noch in den 1990er Jahren wurde ich Zeuge eines Streits, in dessen Verlauf meine Mutter vom Tisch aufstand, in die Küche zurückkehrte und sich ihr rotes Rindfleisch so briet, wie sie es seit schätzungsweise 1949 wünschte. Nämlich *à point*. Meins durfte bluten, aber das war nicht allein der Grund, weswegen er um wenige Minuten nach zwölf die vielen alten Stufen von seinem Dienstzimmer in die Dienstwohnung, zwei zugleich nehmend, hinaufgehastet war. Er hätte das auch getan, wenn ich Vegetarier gewesen wäre, von denen er übrigens stets mit Respekt sprach: Jede Form von Obsession konnte er anerkennen, solange sie damit zu tun hatte, das Essen zu genießen, zu respektieren und zelebrieren.

Das Mittagessen, und sicher nicht der Beruf, war das eigentliche, das praktizierte Leben. Es sagte ihm etwas über sich selbst, wie er sein Leben lebte, was war und noch kommen würde, es gab dem Tag und der Woche und dem Jahr eine Struktur, die zugleich in Genuss aufgehoben war. Bis zum Abendessen jedenfalls.

Es war keine komplizierte Küche: Öl wurde auf der Gasflamme erhitzt, in eine schwere Pfanne kamen die dünn geschnittenen Steaks erst, wenn das Öl sehr heiß war, aber nur ganz kurz: sofort umschloss das Fett die äußerste Schicht, sodass das Steak innen rot und weich blieb. Wie zu vielen seiner Rezepte habe ich Jahre später auch hierzu unter Tränen der Schadenfreude die Kochseiten der *New York Times* studiert, in denen ein Amerikaner umständlich und mit vielen Fehlversuchen dem auf den Grund zu gehen suchte, was meinem Großvater so schnell und ohne jedes Aufheben gelang.

Aber das Steak kam nicht sofort auf den Tisch. Auch das

werktägliche Mittagessen gehorchte der ehernen französischen Syntax, dem Dreiklang: Vorher gab es, oft nur um diesen Punkt zu markieren, Radieschen. Zu den Steaks konnte es grüne Bohnen geben, grüne Erbsen oder anderes in derselben Farbe. Dann ein Dessert oder der Statthalter, und das war in der Regel Obst.

Meine Mutter und ich lebten im Saarland, im Saarbrücker Vorort Dudweiler. Fast jeden Vormittag, wenn er zu Besuch war, machte er sich auf den Weg zum Marktplatz, um dort nach einer französischen Tageszeitung zu suchen, die es heute an jedem Kiosk gibt, damals aber war Frankreich noch so weit weg wie die Vereinigten Staaten, obwohl es gerade mal zehn Kilometer zur Grenze waren. Eine andere Währung, Personenkontrollen an den Grenzübergängen, ein gewisser Formalismus, ja auch Ängstlichkeit kennzeichneten die Beziehungen, obwohl der Elyséevertrag schon den Beginn der Annäherung markierte. Ehemalige Soldaten, die 1920er Jahrgänge, stellten damals noch die werktätige Bevölkerung und galten nicht als »Zeitzeugen«!

Auch um das Andere zu verstehen, obwohl er es so abstrakt nie ausgedrückt hätte, führte ihn der Weg zur Würstchenbude, die damals wie heute die wesentliche Attraktion des Marktplatzes bildet. Er hätte sich dort nie eine Bratwurst gekauft, das war ihm genau so unvorstellbar wie im Tütü Eislaufen zu gehen, er hat sich in die Nähe gestellt und das Geschehen voyeuristisch studiert. Er hatte dazu eigentlich immer denselben Kommentar: »Da gehen ja nicht nur die Armen hin!« Es schien ihnen zu schmecken.

Die Aberrationen des Geschmacks waren etwas, das er sich nicht leicht erklären konnte. Dass wirtschaftliche Not, zu seiner Zeit hieß es einfach noch Armut, den Mann und die Frau an so eine Bude treiben, hätte ihm sofort eingeleuchtet, aber dass dort auch offenbar gutsituierte Bürger verkehrten, gab ihm doch Stoff zum Nachdenken über die Verschiedenheit der Nationalcharaktere. Die antideutsche Propaganda hatte ihn ja mit der Erkenntnis versorgt, dass der Deutsche Margarine isst, um Geld zu sparen für die Rüstung. Schließlich gelangte er aber zu dem für ihn eigentlich verstörenderen Schluss: Die mögen eben Margarine lieber als Butter, sie bereiten mit dem Verzehr von Rostbratwürstchen nicht zwingenderweise wieder einen Angriffskrieg vor.

Der Würstchenstand war gleich in mehrerer Hinsicht das Andere: Zwischen den Mahlzeiten hat mein Großvater nie gegessen und sicher nicht im Stehen und möglichst nicht alleine. Das Würstchenessen war ihm vor allem auch eine viel zu schnelle und unkommunikative Angelegenheit, und dann auch noch ohne Vorspeise. Aber der Genuss und die sichtbare Vorfreude, mit der geistesgesunde und nicht unbedingt unsympathische Erwachsene dort täglich Würstchen und Pommes bestellten, machten es ihm auch schwer, die ganze Veranstaltung zu verurteilen. Die Sache blieb kurios, darum hörten auch seine Spaziergänge zum Marktplatz nicht auf.

Viel leichter fiel ihm die Verurteilung von McDonald's. Es gab eine Zeit vor den Burgerketten, aber auch die endete irgendwann, und es galt, die Sache zu prüfen. Schon zur Pariser Weltausstellung von 1936 hatte er das neue Getränk, das Coca-Cola, probiert und es sich mit Freunden bestellt. Sie spuckten es sofort wieder aus. Mit 18 legte man damals großen Wert darauf, ein Mann zu sein, ein Herr, außerdem rückte der Krieg näher, da wollte man keinen zuckersüßen Sirup, sondern Whisky. Diese Weltausstellung, hat er später oft erzählt, wurde von den abenteuerlich monumentalen Pavillons des Deutschen Reiches und der Sowjetunion dominiert, die französische und alle sonstigen Republiken wirkten dagegen lahm und uninspirierend, vermittelten ihm eine ungute Ahnung davon, dass der Krieg zum einen bevorstand und zum anderen nicht eben leicht würde, obwohl er mit dem völligen Desaster, das es dann für Frankreich wurde, nicht gerechnet hat.

Auch wenn es, wie meine Großmutter jeden Tag möglichst gleich zwei Mal betonte, die Amerikaner waren, die Frankreich und die Republik gerettet haben, konnte er sich für die andere Seite des Atlantiks weder erwärmen noch interessieren. Hinter jeder ihrer Aktionen vermutete er die CIA und Wirtschaftsinteressen. Damit hatte er einfach zu oft recht, als dass ein paar Ausnahmen es gerechtfertigt hätten, sein Weltbild zu ändern oder, heftiger noch, die dortige Nahrung zu versuchen. Einmal habe ich's aber doch geschafft: Besuch im McDonald's an der Gare de l'Est. Sofort erkannte er den Grundwiderspruch der Sache: ein Restaurant, das sein Geschäftsmodell darauf gründet, dass die Kunden dort wenig Zeit verbringen, daher die ungemütlichen Stühle, Tische, das Licht, na und die Struktur der Menüs: so ganz ohne Dreiklang. Nie werde sich so etwas in Frankreich durchsetzen. Aber er hätte auch ausgeschlossen, dass ein Gehörnter aus einer jüdisch-ungarischen Einwandererfamilie aus Neuilly Präsident wird.

Meine Großmutter teilte diese Obsession nur bedingt. Regelmäßig verkündete sie, sie werde sich mit einem »Plateau« begnügen, und nervte mit der Mitteilung, sie halte gerade Diät. Das wurde als Witz wahrgenommen, wenn es ihr auch das Leben schwermachte. Es war noch nicht die Generation, in der sich auch die Omas durch Sport und Yoga fit halten, sondern den Komfort genossen und zelebrierten. Das französische Pendant zum vollen Mittagessen war und ist weniger das Butterbrot als *le Plateau*. Noch im Elysée kann man sich, wenn die Berater, Redenschreiber und sonstigen Beschäftigten mal wieder überarbeitet oder gerade nicht in Stimmung sind, ein Plateau kommen lassen. Das meiner Großmutter bestand aus zwei Scheiben gegrilltem Brot mit Kochschinken, einem großen Becher des 0%-Fett-Quarks Taillefine (eine Art essbarer Gips) und Obst.

Sie musste sich um das Fernsehen kümmern: Die Verhältnisse dort waren keinesfalls zufriedenstellend. Am schlechtesten kamen die französischen Eigenproduktionen weg: In Mantel- und Degenproduktionen würden die Statisten immer um die Felsen herumlaufen, damit es nach mehr aussieht, wenn die Armee des Königs angreift. Die französischen Kommissare seien alt, lahm und »immer verschnupft«. Ihre uneingeschränkte Bewunderung galt den amerikanischen Produktionen wie Starsky and Hutch, wo sich Humor, Spannung und Tempo miteinander verbanden. Amerikanisches Fernsehen bot ihr einen Austritt aus der manchmal eben auch oppressiven Welt meines Großvaters. Ihre Ehe war nicht einfach, aber leidenschaftlich, für beide der wichtigste und tragende Pfeiler ihres Lebens. Heute würden sie durch zahlreiche Therapien und Seminare gehen, so seltsam miteinander verwachsen sind keine Erwachsenen mehr.

Ab und zu war es Zeit für den Test. Ich war Student und kam seltener, als mein Opa es sich gewünscht hätte, aus Deutschland zu Besuch. Am ersten Abend ging es um die Nachrichten aus der Familie, um Freunde und die politische Lage, die deutsche, kurz, und, ausführlich, die französische. Dazu gab es ein unaufwendiges Abendessen, etwas betont Harmloses wie Spaghetti. Erst am folgenden Tag, nach dem Einkaufen, kam die Frage. Er habe eben bei der Boucherie frische Schweinefüße oder Kutteln oder Lammhirn entdeckt, aber sicher sei das doch nichts mehr für mich, da ich doch schon so lange in Deutschland lebe, wo man so was ja gar nicht mehr oder nur zu Wurst verarbeitet äße. Nun war es an mir zu versichern, dass ich mich schon darauf freue, endlich wieder Schweinefüße, Kutteln oder Lammhirn essen zu können.

In Wahrheit war der Plan dazu lange im Voraus gereift. Ihm war klar, dass man die Jugend in ihren Abirrungen nicht kontrollieren kann oder soll, aber er wollte sich doch persönlich einen Überblick über das Ausmaß des kulinarischen Desasters verschaffen – das dann aber nie eines wurde. Ich habe schon als Kleinkind alles gegessen, das hat sich nicht geändert.

Zu jedem Besuch bei einem der Enkel passte ein spezifisches Gericht: Wochenlang trieb ihn der Plan um, bei seinem Besuch meiner damals im Elsass lebenden Cousine Stockfisch zu servieren. Man weiß gar nicht genau, warum. Irgendwie hat es dann aber nicht geklappt, den Fisch im Auto dorthin mitzubringen, vielleicht weil sich meine Cousine strikt geweigert hatte, jedenfalls verlief der Besuch harmonisch, aber stockfischlos. Meine Cousine hatte damals zwei kleine Kinder, einen anstrengenden neuen Posten im Krankenhaus und in der Tat andere Sorgen als Stockfisch. Nach einigen Tagen musste mein Großvater, morgens beim Kaffee, die richtigen Worte suchen, um das Thema erneut anzusprechen: »Bitte sag es mir ganz offen – hast du das Thema Stockfisch aufgegeben?«

Die Stellung der Person in der Welt war über das Essen vermittelt. Nicht, ob es teuer oder billig, gesund oder ungesund ist, nicht normativ, sondern es war einfach empirisch so, eine Quelle der Information, die dann seiner Kritik unterzogen wurde.

Nach Dienstschluss, der immer früher war, als es tatsächlich klingelte – nie hatte ich den Eindruck, mein Großvater müsse schwer oder angestrengt oder gar unter Stress arbeiten –, machte er sich manchmal auf bis kurz vor die Ufer der Garonne, ein ziemliches Stück, denn in Bordeaux

»ziehen sich die Straßen endlos«, wie schon Sartre in »Das Sein und das Nichts« notierte. Dann kaufte er sein Brot in einer schmalen, außen nach nichts aussehenden Boulangerie, wo man noch einen Blick in die Backstube tun konnte, nahm die beiden *pains* unter den Arm und machte sich auf den Rückweg, wobei er an einer bestimmten Stelle einen Umweg nehmen musste, um nicht mit dem Brot unter dem Arm vor dem Schaufenster der benachbarten Bäckerei entlangzuspazieren. Mehr noch als die weite Welt, die ihm ein Rätsel blieb, richtete sich sein Erkenntnisinteresse auf die unmittelbare Nachbarschaft. Neben der Schule, an der Ecke war und ist noch heute eine große, etwas protzig dekorierte Bäckerei und Konditorei, die ihren Reichtum allein dem Umstand verdankt, dass dort seit Jahrzehnten jeden Tag nach Schulschluss Schüler ihre Süßigkeiten kaufen. Zu diesem Betrieb musste mein Opa als Schulleiter einen Kontakt unterhalten, sagte er oft, ohne es näher zu erklären, als gebe es ein gemeinsames Interesse zwischen dem Backwareneinzelhandel und der *éducation nationale*. Es gab nur ein Problem: Das Brot schmeckte nicht, und das Essen trumpfte natürlich alle sozialen Überlegungen! Nur zu Weihnachten gab es Gnade. Da machte sich mein Großvater, sich zu Hause vielfach vorher und nachher dafür rechtfertigend, zu Teinihr auf, um dort das Dessert für das Weihnachtsessen zu bestellen, das sicher wieder von minderer Qualität sein werde – aber er müsse dort einmal im Jahr etwas bestellen.

Aber was dachte sich diese Bäckerfamilie nur, woher wir unser Brot beziehen? Sollten wir die einzigen Franzosen sein, die kein Brot essen? Ein Rätsel führt zum nächsten, öffnet man eine Tür, so steht man vor einer anderen.

Manchen Dingen des Lebens und des Essens konnte man nur beikommen, indem man sie der dunklen Sphäre des Geheimnisses anvertraute. So funktioniert Frankreich, und darum ist eines der ersten Dinge, die französische Kinder lernen müssen, auch dann eine zufriedene Miene zu machen, wenn es ihnen nicht schmeckt. Das Essen auszuspucken, wie es viele meiner deutschen Freunde gelernt hatten, die eben offen sagen sollten, was ihnen schmeckt und was nicht, galt als unfassbare Barbarei. Diskretion und Umsicht waren die höchsten Werte.

Es gab in der Nachbarschaft auch dunkle Ecken. Dazu zählte zu meinem Bedauern das nächstgelegene Zeitschriftengeschäft, das nie betreten wurde, weil die Betreiber, wie es hieß, Nazis seien. Ich hielt das für übertrieben bzw. dachte, es werde da doch wohl einen Vorderraum geben, in dem man Tageszeitungen und meine Kinderzeitschriften kaufen könne, ohne die ideologische Kontrolle der Ladeninhaber vollziehen zu müssen. Ich irrte mich. Als ich alt genug war, allein zum Laden zu spazieren und die Lage zu prüfen, erkannte ich schon vor dem Eingang große Behältnisse mit Schallplatten, auf denen der Führer und Goebbels abgebildet waren, der ganze Laden war in einer Offenheit nazifreundlich, wie es das in Deutschland nicht gegeben hätte. Die Stadt hatte seltsame Zonen und schwarze Löcher, und in der Tat war die Hafengegend dunkel und unheimlich, waren die Bars schäbig, alles wie in einem Comic. Man findet diese Atmosphäre in den Romanen von Patrick Modiano sehr treffend beschrieben.

Die Diskretion umhüllte im Frankreich jener Jahre die einzelnen Straßen und Viertel, selbst der Präsident hatte es unter diesen Umständen hinbekommen, neben der wohlbekannten ersten eine ganze zweite Familie zu unterhalten. Jede Familie hatte ihre Geheimnisse, jedes Mitglied jeder Familie umso mehr. Es waren Jahre, in denen es als unmöglich galt, zwischen 12 und 14 Uhr oder vor 9 Uhr irgendwo anzurufen, es sei denn im Todesfall, weswegen das Telefonklingeln bei vielen immer noch mit Desaster

und Tragödie assoziiert wurde. Man fragte niemanden
nach seinem Namen, auch Beamte waren nur dazu ver-
pflichtet, ihre Dienstnummer, nicht aber den Namen zu
sagen. Man fragte auch nicht, was jemand gewählt hatte,
man wusste es so. In gewisser Weise brachte das Essen dann
wieder alle zusammen, doch für meinen Opa war es nicht
so einfach. Die asterixhafte Überwindung aller sozialen
und weltanschaulichen Grenzen mit viel Essen und üppig
fließendem Wein gab es bei ihm nicht, ebenso wenig wie
das kumpelhafte Sich-auf-den-Rücken-Klopfen. Sein Urteil kam, wie bei Restaurants, erst anschließend und im
vertrauten Kreis. Das war übrigens auch Mitterrand eigen,
den mancher Besucher wieder verließ im Glauben, der
Präsident habe seinen Ausführungen zugestimmt – bloß
weil er ihnen nicht widersprochen hat.

Der politische und kulinarische Tag waren verschränkt.
Vormittags las mein Opa die Zeitung. Da gab es gar keine
Experimente, er las von Jugend an bis zu seinem Tod *Le
Monde* und am Mittwoch das satirische Wochenblatt *Le
Canard Enchainé*. Das verschaffte ihm über die Jahre einen
absolut unvergleichlichen Informationsgrad, insbesondere
was französische Innenpolitik anging.

Auch in späteren Jahren, in denen ich mit Wissenschaft-
lern, Politikern oder politischen Journalisten zu tun hatte,
habe ich nie eine Runde erlebt, bei der er, wenn ich ihn
im Geiste dazu berief, nicht hätte mithalten können.

Sein größtes Interesse galt der elementaren Erfahrung
seines Lebens, dem Krieg. Hatten sich die französischen
Generäle und die konservativen Machteliten damit arrangiert, dass die – wenn man nicht dummerweise jüdisch,
schwul oder sonst wie anders war – im Großen und Ganzen franzosenfreundliche Herrschaft der Nazis immer noch
der Volksfrontregierung aus Sozialisten und Kommunisten
vorzuziehen war? Mein Opa war davon überzeugt. Anders

als Verrat hat man es nicht nennen können, dass sie damals so schlecht ausgerüstet in den Krieg zogen. Sein immer wieder angeführtes, entscheidendes Beispiel waren die *bandes molletières*, die Wadenwickel, die die Infanteristen sich mühsam anwickeln mussten, als die Wehrmacht längst Schaftstiefel hatte. Die französischen Truppen mussten ihr eigenes Gepäck auf dem Rücken tragen, den Deutschen hingegen wurde es hinterhergefahren. Das konnte kein Zufall gewesen sein. Und als sein Fliegerkumpel, ein Aufklärer, völlig zutreffend meldete, die Deutschen würden über die Ardennen vorrücken und die berühmte Maginot-Linie einfach umfahren, da habe es ihm keiner geglaubt.

Später musste er oft nach Deutschland reisen. Schwer zu sagen, was er dachte, wenn er deutsche Männer in seinem Alter sah. Er suchte nicht ausdrücklich den Kontakt zu ihnen, denn er sprach, wie es in jener Generation üblich war, kein Wort einer Fremdsprache, während meine Großmutter ihn mit der Behauptung nervte, Englisch zu lieben und auch zu können, wo doch allein die englische Küche und so ziemlich alles andere auch ihn am perfiden Albion störte – aber es überwog bei ihm die Einschätzung, in Deutschen seines Alters ebenfalls Opfer zu sehen und die Absurdität eines Krieges zu betonen, in denen sich völlig Fremde ohne persönliche Animosität umbringen, während die Generäle in der Regel gut wegkommen. Dass der Zweite Weltkrieg ein gerechter Krieg war, hat man von ihm im Ernst nie gehört. Obwohl er es sich in Saarbrücken bei keiner roten Ampel und keinem streitigen Parkplatz nehmen ließ, daran zu erinnern, dass man ihn mit kleinlichen Verkehrsregeln in Ruhe lassen möge, »schließlich habe ich den Krieg gewonnen«, hat er sich nie zu moralisierenden Höhen aufgeschwungen.

Doch nach seinem ersten Krieg folgte ein zweiter, der kalte. Anstatt wie viele ehemalige Piloten der französischen Streitkräfte zu Air France zu wechseln, blieb er nach 1945 am Boden. Die Kontrolle seiner Lektüren und die Tatsache, dass er den von kommunistischen Tarnorganisationen entworfenen Stockholmer Appell unterschrieben hatte, genügten, ihn während der Hexenjagd auf verkappte Kommunisten zu verdächtigen. Zwar sprachen sich einige Kameraden für ihn aus, aber er verließ den Fliegerverband mit dem Spruch »Ihr hättet doch Angst, dass ich meine Mitgliedsbeiträge in Rubel begleiche«.

Seitdem hielt er zwischen Kommunisten, Antikommunisten und dem ganzen Rest eine Art Äquidistanz.

In Deutschland hatte er ein ganz anderes Problem, nämlich ein geeignetes Restaurant zu finden. Ein Desaster folgte dem anderem – nicht, weil er nicht in der Lage gewesen wäre, kulinarische Differenz anzuerkennen, verbal tat er das, er verstand einfach bei dem, was es da gab, kein Wort. War das gute oder mindere Qualität, regional verankert, schmeckte der Fraß denen wirklich, oder war es bloß Ignoranz, und was machten die Deutschen mit all dem Geld, das sie ganz offenkundig nicht ins Essen investierten? Die in meiner Familie bevorzugte Antwort lautete: Bademäntel kaufen. Die deutschen Touristen waren am Strand immer exzellent ausgestattet, das konnte nicht billig sein, und wo sie sparten, sah man ja, wenn man den kargen Inhalt der aufwendig mitgeschleppten Kühltruhen betrachtete.

Dieses Befremden betraf nicht nur den Schnitzel- und Soßenmampf, sondern später auch die Exzesse der sogenannten Bistroküche. Obwohl er in der saarländischen Gastronomie schon einiges gewohnt war, dachte ich, er falle vom Korbstuhl, als wir uns eines Nachmittags im sogenannten Kulturcafé, einer typischen 80er-Jahre-Gründung am Sankt Johanner Markt verabredet hatten und ein durchaus chicer Mann mittleren Alters sich einen Maiskolben zu seiner Weißweinschorle bestellte. Einen Maiskolben! Da der Mann leicht hinter uns saß, musste sich mein Opa arg verrenken, um die unfassbare Szene zu sehen. Mitten in Europa machte sich ein sozial voll integrierter, arbeitender Mann daran, mit beiden Händen und großem Genuss Viehfutter zu verspeisen, noch dazu zu unwahrscheinlichen Preisen. Eine schöne Dose Katzenfutter zu einem Glas Burgunder, das würde dann wohl als Nächstes kommen …

Sehr oft besuchten wir das Restaurant Woll, eine saarländische Institution, nicht wegen der guten Küche, sondern wegen der einmaligen Lage: Das Gasthaus lag auf den Spicherer Höhen oberhalb von Saarbrücken, aber unmittelbar jenseits der französischen Grenze. Die Spicherer Höhen waren im Krieg 1870/71 zu einem Schlachtfeld geworden, als die preußischen Verbände Mal um Mal versuchten, den Hügel zu erstürmen. Hunderte lagen dort begraben, ein typischer alteuropäischer Erinnerungsort mit Kriegerdenkmälern an jeder Wegbiegung, leicht gruselig. Hitler war auch mal da gewesen, auf dem Weg nach Paris. Nicht so oft wie mein Großvater allerdings.

Das Gasthaus Woll war, wie auch das Kayoc am Atlantik, ein Fort, ein Außenposten der französischen Zivilisation, wo man, egal ob vor den Fenstern ein Sturm oder die Deutschen tobten, ein nach Gängen getaktetes Menü bekam, im Niveau nicht unter dem einer Brasserie an einem der großen Boulevards in Paris.

Doch obwohl dem äußeren Anschein nach alles so war, wie es sein sollte, war die Anstrengung dieser Travestie am Ende doch spürbar. Die Tischdecken waren aus Papier, und Küche und Kellner hatten doch große Mühe, die Speisen halbwegs in zeitlichem Zusammenhang mit ihrer Bestellung auch zu servieren.

Und weil es das Restaurant war, das wir zum Abschluss der Ferien besuchten, wenn für meine Großeltern wieder der Alltag in Bordeaux begann, assoziierte er es mit Abschied und verlor allmählich die Lust, hinzugehen.

Er verstand sich weniger als Koch denn als Kritiker: ein diskreter wohlgemerkt. Seine zahllosen detaillierten und meist vernichtenden Urteile über dieses und jenes Restaurant behielt er für sich, bis wir wieder im Auto saßen, dann aber hielt es stand und war bis zu seinem Tod jederzeit abrufbar. Nicht ein Mal sind wir an einem gewissen Saarbrücker Ausflugslokal vorbeigefahren, ohne dass er voller Verachtung den Namen eines falsch betitelten und absolut indiskutablen Gerichts aufgesagt hätte: »Veau Sauce Suprème«. Wie ihm zum Hohn hatten sie sich nicht entblödet, einen französischen Namen auf die Menükarte zu setzen – na und der Flop, der da serviert wurde, blieb noch Jahrzehnte später brisant.

Auch private Einladungen wurden gespeichert. In den letzten Jahren seines Lebens traf er eine alte Freundin meiner Großmutter. Augenblicklich befragte er sie nach einem Detail der Zubereitung einer *Daube*, die es mal bei ihnen gegeben hatte, im Herbst 1979. Als die liebe Dame nur den Kopf schüttelte, war er ehrlich besorgt. Das werden doch, erkundigte er sich anschließend besorgt bei meiner Tante, nicht auch bei ihr die ersten Symptome von Alzheimer sein?

Über die Karte von Frankreich legten sich seine Empfehlungen und Warnungen wie Folien im Geographieunterricht, die zu seinem Wissen um regionale oder bloß lokale Spezialitäten hinzukamen. Das alles fügte sich mit den allgemein zugänglichen Informationen über die bestbesprochenen Adressen zu einem dichten Netz der gastronomischen Geographie. Manche Restaurants strukturierten

ohnehin notwendige Reisen, andere wurden selbst Ziel
von Ausflügen.

Fahrten zu seinen bevorzugten Adressen waren nicht die
von Wolfram Siebeck beschriebenen lustigen Spritztouren
im Deux Chevaux, sondern eine Mischung aus Pilgerfahrt,
Reise zur Jahreshauptversammlung der eigenen Partei und
Messebesuch. Der Tisch wurde Tage im Voraus reserviert,
immer sehr früh, und meine beiden Großeltern waren
eine gute halbe Stunde vor dem ohnehin sehr zeitigen
Abreisetermin, der auf einer worst-case-Berechnung aus
Monsterstau, Reifenpanne und Unfall beruhte und sicher-
stellte, dass wir auch dann pünktlich da wären, wenn alle
drei Widrigkeiten zusammen einträten, abreisefertig und
in einem Zustand höchster Nervosität.

Die Autofahrt war angespannt. Mein Großvater war von
Vorfreude erfüllt, aber es sollte auch alles perfekt klappen. Er
konnte ein Nachlassen seiner Lieblingsrestaurants oder ein
sonstiges Scheitern des Abends nicht einfach wegstecken,
das Essen war zugleich Prognose und Analyse, es sagte ihm
etwas über sich. Hatten die Köche gewechselt? Waren die
Zutaten enttäuschend? Waren die Preise gestiegen? Lebte
er noch ein gelungenes Leben, oder war der Vormarsch
einer gierigen, abzockenden, ja kriminellen Gastronomie
unaufhaltbar? Gab es noch Qualität als Selbstzweck, oder
war die Korruption überallhin vorgedrungen? Fanden sich
noch Inseln der Unschuld, wo Wirte ihr Bestes gaben, weil
sie das Essen ebenso in den Mittelpunkt ihres Lebens gestellt hatten wie er?

Der ganze Zirkus der Gourmets und der Luxusköche
hat ihn nicht interessiert, er war auf der Suche nicht nach
einem absoluten Kocherlebnis, nach der Elite oder der
Transzendenz in der Gastronomie, sondern nach dem idealen Verhältnis aus sehr vielen verschiedenen Variablen.

Ein einziges Mal sind meine Großeltern in einem Spitzenrestaurant, bei Troisgros in Roanne, eingekehrt. Dieser Besuch hat sie, ohne Übertreibung, jahrelang beschäftigt. Troisgros ist keine luxuriöse Adresse in dem Sinn, dass man dort auf Polstern schwelgt und schlemmt, es ist ein humorloser Ort von höchster Konzentration. Die Brüder haben rund um ihr Lokal eine regionale Zulieferindustrie etabliert, die sie qualitätsmäßig fest im Griff haben, in der Küche geht es ähnlich locker und jovial zu wie in der Neurochirurgie eines Militärkrankenhauses. Die Karte durfte man mitnehmen, mein Opa hat sie sicher hundertmal gelesen und vorgelesen. Früher, erklärte er gern, hieß es immer, die Troisgros sind gegenüber vom Bahnhof, heute heißt es, der Bahnhof liegt gegenüber von den Troigros. Das fand er verblüffend: Dass sich eine ganze Stadt nach denselben kulinarisch-topographischen Prinzipien richtet, nach denen er auch funktioniert. Er hatte schließlich ganz Frankreich so geordnet.

Sein Lieblingsrestaurant gibt es noch heute. Es erfordert eine richtige Reise, und selbst Leute, die den französischen Südwesten gut kennen, kämen nicht auf die Idee, in diesem Ort vorbeizufahren. Man nimmt die Küche dort sehr ernst, und jedes Essen ist die Reise wert, zu einem Preis, der fast schon zu vernachlässigen ist. Es ist immer noch derselbe Inhaber und Koch, ein angenehmer Mann, dem die Meisterschaft in seinem Metier eine gewisse sonnige Lässigkeit verleiht. Bei meinem vorletzten Besuch traf ich ihn zufällig auf dem Flur, wir waren allein, es war ein Moment von seltsamer Intensität. Ich erzählte von den Besuchen meiner Großeltern, wie viel sie ihnen auch in schweren Zeiten bedeutet hätten, und dankte ihm in deren Namen. Er verstand genau und wollte doch nichts davon wissen: Es ist Sommer, Sie sind ein Familienvater, was erzählen Sie mir denn da von alten Geschichten. Schmeckt Ihnen das Essen? Genauso hätte mein Großvater auch reagiert.

Manche Restaurants schlummerten im Verborgenen, bis man sie mal brauchen konnte. Ich staunte ordentlich, als mein Opa mich und einen Freund, der in die Ferien mitgekommen war, in Bordeaux mittags zu verpflegen hatte und plötzlich auf die Idee kam, ins Iguane zu gehen, einen für ihn völlig untypischen Ort mit den in Frankreich ewig modernen Türen aus Rauchglas und dem Namenszug des Lokals in silberfarbenen Buchstaben. Es war ein eher teurer Ort für Geschäftsleute, mit einem falschen mondänen Stil, wie aus der Fernsehserie »Dallas«. Das Merkwürdigste aber war, dass dieser Laden in der Nähe ihrer Wohnung lag, von ihm aber nie erwähnt worden war. Es schien für solche Fälle gastronomische Schattenadressen, eine Parallelwelt zu geben.

Wegen seiner Ernsthaftigkeit fiel es ihm keineswegs leicht, neue Restaurants oder Küchentrends auszuprobieren. Der Aufstieg der asiatischen Küche war ihm suspekt, nie im Leben hätte er ein thailändisches oder japanisches Restaurant besucht, in dem der Dreiklang der Menüfolge durcheinandergeraten war oder sein heiliges Credo, nie kalt und warm zusammen zu essen, nicht galt, eine Regel, die allgemein nur als Schrulle gewertet wurde, da er der Einzige war, der sie aufstellte und befolgte – Schinken mit Püree oder Nudeln ist das klassische französische Kinderabendessen unter der Woche.

Der erste feierliche Höhepunkt jedes Sommertages war die Melonenkritik. Der Bezugspunkt aller guten Melonen waren jene aus einer mythischen Zeit, als der Vater meiner Großmutter einen Garten in Auch betrieb, einen Garten, der jedes Obst und Gemüse, vor allem aber Melonen in Hülle und Fülle und in perfekter Qualität lieferte. Es waren nicht nur gute Melonen oder viele Melonen, von dort kam die Urform der Melone.

Wenn wir übereinkamen, dass eine Melone, wenn nicht

sensationell, sondern wirklich sehr gut war, sagte bald einer oder eine, die dabei gewesen war, solche Melonen seien kistenweise weggeworfen worden vom Urgroßvater, denn er habe so viele gute gehabt, dass er eigentlich nur die allerbesten nach Hause gebracht hätte. Das war ein Lob an die Autonomie, die agrarische Autarkie, aber noch etwas anderes kam hinzu, ein besonderer Grund, auf diese Melonen stolz zu sein, der mir immer verborgen blieb. Was war das magische Plus, das dem Uropa, einem autoritären, umstrittenen Mann, der nur zwei Mal in seinem Leben die Garonne in Richtung Norden überquert hatte, zukam und von dem die Melonen eigentlich zeugten?

Beim Essen selbst wurde nicht über das Essen geredet, sondern, kurze Kommentare oder Lob ausgenommen, über Politik. Wenn meine Großmutter in Form war, dann redete sie vor allem über Kinofilme, die sie mit ihren Worten nacherzählte. Während der beiden Amtszeiten von Ronald Reagan war es ganz praktisch, da kamen beide Themen zusammen.

In einem Sommer fielen alle Melonen durch. Damals war meine Großmutter nicht dabei. Ihre Alzheimererkrankung ließ eine Reise an den Atlantik nicht mehr zu. Mein Opa hatte wegen seines schlechten Gewissens eine Hautreaktion bekommen, ein Ekzem an den Unterarmen. Die Melonen mussten es ausbaden: zu wässrig, zu blass, schmeckten wie Kürbisse, selbst die Süßen waren ihm suspekt: Hatte da jemand womöglich nachgeholfen und die faden Dinger mit Zucker gedopt? Und die Innenpolitik, ein Skandal. Das konnte nur verwundern, regierte damals doch mit Lionel Jospin ein integrer und fähiger Premierminister, kein Gauner, wie so oft bei den Sozialisten, und einer, der das Land modernisierte, Jobs schaffte und Schulden abbaute.

Doch kein Erfolg konnte die miserable Meinung meines Großvaters über die Regierung Jospin ändern. Der Grund war ein völliges Nebenthema der Politik, in dem mein Großvater aber etwas erkannte: Es ging um ein Gesetz, das die Kommunen verpflichtete, den Sinti und Roma, von denen viele durch den französischen Südwesten fahren, geeignete Stellplätze mit Wasseranschluss zur Verfügung zu stellen, außerdem wurde als korrekte Bezeichnung das neutrale »Gens de Voyage« festgeschrieben. Mein Großvater kochte vor Wut, er hatte wenig Verständnis für kulturelle oder ethnische Sonderformen innerhalb der Republik: Kein Mensch werde das verstehen, gerade auf dem Lande nicht, wetterte er, eine reine Pariser Elitentscheidung, die den Betroffenen nur schaden werde. Er fand es nicht fair: Die normal verdienenden Sesshaften, die sich ein Leben lang treu zur Republik und zur Linken verhalten hätten, würden jetzt als eine von vielen beliebigen Optionen angesehen. Man könne offenbar der Regierung genauso lieb sein, wenn man im Wagen durch die Lande fährt und sich wer weiß wie durchschlägt. Das typische Misstrauen gegen Minderheiten, der Hang zu Verschwörungstheorien, seine ganze politische Sozialisation in den dreißiger Jahren machten sich da bemerkbar. EU-weit galt die Jospinregelung als vorbildlich, ich schob seine schlechte Laune auf andere Faktoren.

Doch der Fortgang der Ereignisse gab ihm recht: Lionel Jospin, der so siegesgewiss in den Wahlkampf gezogen war, erlitt wenige Jahre später eine der demütigendsten Niederlagen der fünften Republik. Im ersten Wahlgang unterlag er dem rechtsextremen Le Pen, dessen Wählerblock aus mehrheitlich Zigeuner hassenden Unterprivilegierten intakt geblieben war, während sich die Linke aufgespalten hatte.

Den regierenden Sozialisten war der Sinn für das Land abhanden gekommen. Sie haben ihn seitdem nicht wiedergefunden.

Die Linke war sein Lager, aber er konnte sich dort nirgends niederlassen. Die Kommunisten hielt er für brutale Unterdrücker, eine Sekte, die Antikommunisten allerdings auch. Die PS war ihm eine Clique von Karrieristen, Mitterrand leider ein Gauner, und die linken Splitterparteien verdächtigte er, CIA-Gründungen zu sein. Nur wenige Persönlichkeiten fand er gut: Léon Blum, Mendès-France und in den linken Regierungen der 80er Jahre immerhin Robert Badinter, der die Todesstrafe abgeschafft hatte, und Jack Lang, der Frankreich zu einer modernen Renaissance verhalf.

Als Jack Lang belächelt wurde, weil bekannt geworden war, dass er, der Sozialist, sich in einem Charterhubschrauber, dessen Pilot pikanterweise ein prominenter Politiker der Gaullisten war, der in den Ferien im Hubschrauberbetrieb seines Bruders aushalf, vom Flughafen Nizza an sein Feriendomizil fliegen ließ, ließ sich mein Opa sogar dazu herab, Lang zu verteidigen, als sei das Fliegen in Privathubschraubern schon immer die vornehmste Tugend von Arbeiterführern gewesen: »Er hat eben ein beträchtliches Vermögen, auf das er zurückgreift, um sich das Leben angenehm zu machen, wenigstens versteht er sich darauf. Die Rechten sind noch schlimmer. Im Übrigen ist das an der Côte ganz normal, nur Wahnsinnige nehmen dort ein Auto.«

Vom anderen politischen Lager, das er mit ebensolchem Fleiß studierte, erwartete er nichts, jedenfalls nichts Gutes. Nach einer weiteren Niederlage der Sozialisten, die in jahrelanger, lähmender Kohabitation münden sollte, besprachen wir die tieferliegenden Ursachen für das Herumgestottere der Linken. Für ihn war es einfach die Mannschaft. Das andere politische Lager hatte seit Jahrhunderten Übung darin, Nachwuchs für staatliche Führungsaufgaben zu rekrutieren, hatte entsprechende Schulen, Familien und Clubs entwickelt und nie Mangel an einigermaßen effektiven Persönlichkeiten – jedenfalls für die spezifischen Interessen ihres Lagers. Auf der Linken hingegen gab es ein paar Junge, ein paar Juden und viele Karrieristen und/oder Gutmeinende, zu denen sich mein Opa des Kommentars lieber enthielt.

Der Regierungsantritt François Mitterrands war eine Zäsur, von der er aber selten sprach. Ihm war völlig klar, dass dies der einzige sozialistische Präsident war, den er zu seinen Lebzeiten erleben würde, und dass der Mann wenig vertrauenswürdig, vielmehr ruchlos und eigensüchtig agierte. Dennoch konnte er die Geschichte vom Besuch des Präsidenten in der Bibliothek, die meine Tante damals leitete, endlos oft hören. Es war sehr ambivalent: Als bei einem traditionellen Volksfest in einem Dorf tief in der französischen Provinz, in dem Verwandte meiner Großmutter lebten, Mitterrand unangekündigt und ohne jeden Pomp auf der Tribüne Platz nahm, war es meine Großmutter, die ihn als Erste erblickte, aufstand und begeistert applaudierte, während mein Großvater sitzen blieb.

Nur in einem Punkt gab es eine Übereinstimmung, das Hadern mit dem Geld. Wo die Grenze zwischen linker Kapitalismuskritik und reaktionärem, ja antisemitischem Misstrauen gegenüber dem »internationalen Finanzkapital« verlief, war bei Männern dieser Generation, in deren Denken immer mit finsteren »Mächten aus dem Ausland«, mit Kreisen, Clubs und Geheimgesellschaften gerechnet werden musste, nie ganz klar. Und noch etwas anderes kam hinzu: Dass sich das Geld damals, in der Kindheit, so rar gemacht, ja gar nicht gezeigt hat, hat er ihm nie verziehen. Viele seiner Einkünfte waren unbar: die Dienstwohnung kostete keine Miete, das Telefon wurde bezahlt. Bis zum Schluss weigerte er sich, die 1960 eingeführten neuen Francs zu akzeptieren, und dichtete zu jedem Betrag noch

zwei Nullen hinzu, was auch die kleinsten Beträge zu ein-
schüchternden Dimensionen beförderte. Die Million, von
der ab und zu als phänomenale Größe die Rede war, belief
sich auf 10000 neue Francs, heute etwa 1500 Euro.

Wie viele von Armut Traumatisierte hat ihn auch nie
die Furcht verlassen, eines Tages erneut so dazustehen, er
hortete sein Geld auch dann noch, als seine ganze Familie
durch Beamtenposten abgesichert war.

Armut und Scham gehen Hand in Hand. Nur selten
sprach er über seine Kindheit. Ich wusste, dass er sich von
seinem schon als Junge erschufteten Geld etwas sparte, um
sich den Fortsetzungsroman Fantomas kaufen zu können.
Jahre später habe ich ihm eine neue Gesamtausgabe der
Geschichten von Marcel Allain und Pierre Souvestre geschenkt, es war ein Essen im erweiterten Familienkreis.
Aber erst als alle weg waren, hat er drin geblättert und
sich an die Kinderarbeit erinnert: Am unangenehmsten
war das Ausliefern von Eisblöcken für die frühen Kühl-
schränke der Restaurants in Auch. Keiner der schweren
und rutschigen Dinger durfte vom Haken gleiten, sonst
zersprang der Block in tausend Teile. Er hat sich ein Leben
lang gemerkt, welche Restaurants ihn damals gut und welche ihn schäbig behandelt haben.

Als ich studierte, wurden meine Besuche seltener, darum
stand das Essen immer unverhohlener im Mittelpunkt.
Einmal musste ich so tun: Ich hatte mir beim Silvesteressen
den Magen verdorben und die Nacht auf der Toilette verbracht. Am nächsten Tag sollte es einen Ausflug geben,
immer eine angestrengte Sache, wenn sie nicht mit einem
Essen verbunden war, das den Tag strukturierte. An Wandern oder Besichtigungen war damals nicht mehr zu denken, nicht allein wegen der körperlichen Unlust meiner
Großeltern, sondern weil mein Opa seine knapper wer-
dende Zeit nicht mit anderen Dingen verplempern wollte.

Es regnete am Neujahrstag, und wir waren ohnehin nur bis Martigues gekommen, ein oder zwei Autobahnausfahrten weiter. Gegenüber dem Parkplatz gab es, oh Wunder, ein offenes Restaurant, in dem wir unmittelbar nach Ankunft in dem Städtchen Platz nahmen. Der Gedanke an ein Mittagessen war mir völlig zuwider, aber das konnte ich unmöglich sagen, die daraufhin ausbrechende Panik wäre nur vergleichbar gewesen mit dem Effekt der Mitteilung, an einer unheilbaren Krankheit zu leiden oder katholisch werden zu wollen. Tapfer dachte ich an die Möglichkeit, eine Art großen Salat zu ordern, mich irgendwie durchzumogeln, was allerdings auch nicht sehr realistisch war. Sollte ich im Restaurant aus irgendwelchen dummen Gründen zu wenig ordern, bestellte mein Opa eben ein oder zwei Gänge mehr und schob sie mir hin. In dem Restaurant gab es an jenem Tag nur das Neujahrsmenü. Es war zum Glück so übertrieben portioniert, dass mittendrin ein Trou-normand-Limonensorbet mit Wodka, glaube ich, vorgesehen war. Bis dorthin musste ich kommen. Die Fischsuppe schaffte ich gerade so, dann aber kam ein Teller Austern, keine Chance – ich konnte kaum hinsehen.

Zu jener Zeit litt meine Großmutter, die Austern immer geliebt hat, schon an neurologischen Ausfallerscheinungen, wobei es ihr dabei immer noch ganz gutging, sie mühte sich tapfer, die fehlenden Wörter zu umschreiben, und machte sich Notizen. Doch ob sie nun schon drei, sechs oder neun Austern aß, ob der Teller vor ihr sich leerte oder wie von Zauberhand wieder füllte, solche Details entgingen ihr, während sie die Runde mit ihren cineastischen Standards unterhielt. So schob ich ihr während ihrer Ausführungen die Austern zu und kam einigermaßen unbeschadet bis zum Schnaps. Hier kam der einzige skeptische Blick meines Opas in meine Richtung – weil ich kaum Alkohol und nie harte Sachen trank, war das natürlich verdächtig, aber bloß ein Indiz, er sagte nichts, war aber aufmerksam geworden. Den Fisch, Käse und das Dessert musste ich vollständig vernichten.

Wenige Jahre später starb meine Großmutter. Als ich am Tag der Einäscherung die Marseiller Wohnung betrat, tat er, als sei es ein ganz normaler Besuch. Kaum hatte ich Platz genommen, durchzuckte es ihn wie der helle Wahn. »Ich sitze einfach hier rum, du hast sicher Hunger.« Die anderen Anwesenden, die Putzfrau, meine Mutter, wurden gar nicht beachtet. »Nichts ist vorbereitet, aber warte.« In wenigen Schritten war er in der kleinen Küche, die auf den Hof ging, und hatte sich die Schürze umgebunden. Pfanne auf den Herd, Öl hinein. Die Kartoffeln schälen und in nicht zu dünne Quadrate schneiden, zuallererst aber die Zwiebeln und den Knoblauch bereiten. Bald zischte das Bifteck in der alten Pfanne. Immerzu murmelte er: »Ich hab gar nichts vorbereitet. Mann, ich werde echt alt, sicher kommst du um vor Hunger.« In wenigen agilen Handgriffen, die er sein Leben lang getan hatte, stand ein perfektes Mittagessen auf dem Tisch, den er auch noch schnell gedeckt hatte. Dass es erst halb zehn morgens war, tat, fand ich, nichts zur Sache.

Wir hatten später noch eine Unterredung unter Männern: Du wohnst doch da allein, im Norden, und verdienst dein eigenes Geld?

Ja, nichts übertreiben …

Also, mal unter uns, wenn ich noch mal jung wäre und ungebunden in so einer großen Stadt wie Hamburg – ich weiß genau, was ich da anstellen würde …

Aha?

Eine Friteuse! Mein Lieber, es gibt da schon Modelle für zwei Personen, absolut geruchlos. Und was man damit alles herstellen kann.

Offenbar war sein Hintergedanke, dass man mit selbstgemachten Pommes auch eine Ehefrau anlocken würde. Als die gefunden war, war er schon sehr alt. Dennoch machte er sich jeden Tag unserer zweiwöchigen Ferien daran, für meine Frau, das Kind und mich ein Abendessen zu servieren, in der dreigetakteten Art, ohne Tests, rundum versöhnt. Das einzige Zugeständnis an seine Schwäche war das Dessert an einem Mittwoch, da hatte er eine Packung Milchreis mit Karamellsoße einfach fertig gekauft, für ihn kein leichter Schritt.

Desserts spielten eine große Rolle. Er hatte nie Sorge, sein Interesse an Eis, Kuchen und anderen Dingen zu zeigen, mit demselben Ernst, mit dem er über Wein geredet hätte. Er konnte auch problemlos diese Frauenschürze anlegen, einen lächerlichen Hut aufsetzen, eine Strick-Hausaufgabe übernehmen oder stundenlang Kindern Lügengeschichten auftischen. Weil er es nicht unmännlich fand, war es das auch nicht.

Es ging bei den unterschiedlichen Herangehensweisen ans Essen, bei der völlig anderen Auffassung von dem, was ein gutes und angemessenes Mittag- oder Abendessen für Kinder sei, nicht um eine konkrete Befürchtung, dass man etwa krank würde, wenn man sich auf die deutsche Art ernährt, oder dick oder träge, aber um eine Summe all dessen, dass man also, wenn man nicht drauf achtet, seine gallisch-welsche Vitalität verliert zugunsten einer teutonischen Trägheit.

Den einzigen offenen Streit in der Familie, an den ich mich erinnere, gab es wegen Kinderessen, nämlich in der Frage, ob man für die geliebten Frites die Kartoffeln selbst schälen und zuschneiden müsse – was mein Opa unbedingt befürwortete –, oder ob man Tiefkühlware kaufen dürfe, wie meine Tante aus Erfahrung behauptete. Es war eine seltsam erbitterte Auseinandersetzung, die stellvertretend geführt wurde für einen Konflikt um alles: Kann man als

Frau Karriere machen und Kinder haben? Darf der Beruf die Verpflegung beeinträchtigen? Wozu ist man eigentlich auf der Welt?

Auch die entscheidenden Fragen eines Linken stellten sich ausgehend von einer Essensbeobachtung: Die Beobachtung, wie eine – wie er immer sagte, ärmlich gekleidete! Pauvrement vétue! – dem äußeren Anschein nach eindeutig als arm zu bezeichnende Frau mal zu einem Traiteur hineingeweht kam, um sich dort für einen horrenden Kilopreis einen Salat aus geriebenen Karotten zu kaufen, sorgte für tagelange Debatten über die Verantwortungslosigkeit der Unterschichten und ob man überhaupt bei der Linken richtig sei. Wozu sorgt man sich um die Armen, wenn die dann so was tun, einem, wie mein Opa es empfand, derartig in den Rücken fallen? Die Frage, ob die Zeit der Frau nicht knapp gewesen sein könnte, alleinerziehende Mutter, voll berufstätig, hätte er gar nicht zugelassen. Was, bitte schön, könnte denn einfacher sein, was zeitsparender und in jeder Hinsicht ökonomischer, als sich Karotten von dort und dort an diesem und jenem Tag zu besorgen und die in der Mittagspause zu reiben? Was könnte überhaupt dringender, wertvoller und bereichernder sein?

Seine letzte Mahlzeit war eine von der Putzfrau zubereitete *soupe au pistou*, eine Gemüsesuppe mit Pesto. Dann bekam er einen leichten Schlaganfall und im Krankenhaus einen schweren. Aus irgendwelchen Gründen war er in der Kardiologie gelandet. Das Krankenhaus hatte Stromausfall, und der Aufzug ging nicht, es war heiß und so Dritte-Welt-artig, wie man es von Marseille erwartet.

Die junge Ärztin sagte mir noch mal ihren sicher erst vor kurzem gelernten Spruch auf, wie bringt man es Angehörigen bei, aber uns allen war ja längst klar gewesen, was passiert war. Draußen war Müllstreik.

Nach seinem Tod übernahm ich, weil ihn sonst keiner wollte, seinen alten Ford Escort. Im Handschuhfach fand sich ein braunes Adressheftchen mit Namen von Restaurants in ganz Frankreich: seinen Favoriten, aber auch viele in Städten und Gegenden, in denen er nie war. Er hatte keine Reisen dorthin geplant, es war einfach ein Versuch, mit Hilfe von Empfehlungen seine Autonomie auch im Falle unvorhergesehener Reisen zu bewahren.

Der große Glasschrank, der als Bibliothek genutzt wurde, verfügte über eine Geheimschublade. Nach seinem Tod öffnete ich sie vorsichtig, was nicht ganz leicht ging, denn das Holz hatte sich verzogen, und sie klemmte und ruckelte. In der Schublade lag diverser Kram, darunter alte Plastikbänder zur Benutzung des Schwimmbads, Michelin-Landkarten und ein Schreibheft mit Kindheitserinnerungen meiner Großmutter, die sie zu Beginn ihrer Erkrankung aufgeschrieben hatte. Mein Großvater hatte nur eine einzige Sache hineingetan, eine alte Zeitung. Es war die *Monde*-Ausgabe vom 12. Mai 1981, einem Dienstag: Die historische Wahl François Mitterrands zum Präsidenten fand an einem Sonntag statt, dem 10. Mai, aber *Le Monde* hat am Wochenende bloß eine Doppelausgabe für Sonntag und Montag und erschien also am Montagabend mit der für den Stil des Blattes typisch knalligen Schlagzeile: *Der überwältigende Sieg François Mitterrands geht weit über die Linke hinaus und vertieft das Zerwürfnis der bisherigen Mehrheit.*

Er hat die Ausgabe vermutlich nicht nur aus Verehrung für Mitterrand aufbewahrt, sondern wegen einer kleinen Glosse auf der ersten Seite von Robert Escarpit, »C'est arrivé demain«. Darin erzählt der Kolumnist, wie er eine andere Zeitung auf dem Tisch liegen hat, auch von einem Tag im Mai, in der ein Wahlsieg der Linken verkündet wird: »Die Zeitung ist gelb und staubig, vom 11. Mai 1936. Ich habe das Exemplar in einem Karton gefunden, in dem ich einige Wertgegenstände aufbewahre. Ich habe darin ein Zeichen gesehen: Was ich seit fünfundvierzig Jahren erwarte, ist endlich eingetreten, wie es in dem Film von René Clair heißt: Es ist morgen geschehen.«

Es wird, auch wenn es ein Weilchen dauern mag, wieder einen linken Sieg im Mai geben, und dann wird so eine alte Zeitung, und der, der sie gelesen hat und aufzubewahren wusste, der Gegenwart, die einmal eine ferne Zukunft war, zuzwinkern. In der Zwischenzeit gibt es Essen. Wozu leben wir?

POLITIK ALS HOBBY
Die schönste Hauptsache der Welt –
von Studentenwahlkämpfen zum Bush-Besuch

Ich stehe mit vielleicht zwei Dutzend Kollegen auf einer
wackligen Tribüne mitten im grünen Nichts Mecklenburg-
Vorpommerns, und wir schauen ganz hoch und weit in den
Abendhimmel. Erst ist da nur ein kleiner heller Punkt, ein
fernes Funkeln, dann kommt es wie einem Schnürchen folgend immer näher, bald kann man die Umrisse erkennen
und irgendwann sogar das blaue Band. Herzklopfen.

Trotz des Passagiers. Trotz der imperialen Geste. Trotz
der Absurdität der Szene.

Eine halbe Stunde vor dem Programmpunkt »Landung
von Air Force One in Rostock Langenhagen« hatte uns das
Bundespresseamt aufgefordert, ein letztes Mal austreten
zu gehen. Eingerahmt wie Schafe von den Hütehunden
bewegten wir uns mit mehreren Beamten des BKA durch
die Absperrzone in Richtung Flughafenklo. Ergebnis: Stau
vor der Tür. Im seit Stunden abgesperrten, durchsuchten
und noch mal durchsuchten Flughafen, den Bush gar nicht
betreten wird, gibt es selbstverständlich eine Behinderten-
toilette, keine Behinderten weit und breit. Aber an eine
Benutzung nicht zu denken: »Die ist nicht safe.«

Seit dem 11. September 2001 leben wir in Kategorien
wie nach der Ethnologin Mary Douglas: Rein oder un-
rein, mit uns oder gegen uns, suspekt oder gecheckt. Beim
Aufstehen war ich, wie alle Menschenkinder, unsafe. Der
Umwandlungsprozess war nicht einfach: Mindestens drei-

mal wurde ich durchsucht, überprüft und durchleuchtet – und das waren nur die Kontrollen, von denen ich etwas mitbekommen hatte.

Jetzt, der amerikanische Präsident war noch irgendwo in den Wolken, war ich safe und durfte folglich die unsafe Toilette nicht mehr benutzen. Nach einem Tag hat man diese Logik verinnerlicht, nach zwei Tagen mag man gar nicht mehr ohne das OK des BKA zum Klo. Auf einem solchen Gang versuchte ich von einem Begleiter zu erfragen, ob *wir*, die Journalisten, vielleicht vor irgendetwas beschützt werden müssten, so gut bewacht wie wir seien, aber Humor dürfen die nicht, im Dienst.

Schwärme von schwarzen Hubschraubern und Kampfflugzeugen sind jetzt nervös und geben dem weiten Himmel eine Anmutung von Sicherheitsarchitektur. Die Sonne geht unter, das Licht passt jetzt gerade. Air Force One hat sich plötzlich über uns materialisiert. Kontrast: unten, so weit das Auge reicht, grüne Wüste, das ökonomische und machtpolitische Nichts von Meck-Pomm, und wir paar durchsuchten, verdächtigten Berichterstatter, darüber schwebend, in satten Farben, riesig und fordernd dreidimensional, der Mittelpunkt des Imperiums.

Seltsam, so nah dran zu stehen. Als ob man auf Magma blickt.

Irgendwie ist dieses Raumschiff dann aber doch nur eine Boeing und – landet einfach, was soll sie auch sonst tun?

Der rote Teppich wird vorbereitet, die Tür geht auf. Vorne wird was runtergeklappt, ein halbes Dutzend amerikanischer Journalisten klettert heraus, die Pässe und Akkreditierungen baumeln an ihnen wie an Biokälbern die Gesundheitsmarken zu BSE-Zeiten. Sie eilen ans Heck der Maschine, wo sie sich im Halbkreis postieren, um über die Landung des Flugzeugs zu berichten, dem sie eben entstiegen sind.

George und Laura Bush treten durch den hinteren Ausgang auf die Fahrtreppe und winken. Es ist aber niemand
da.

Publikum oder sogenannte Schaulustige gibt es keine,
denn man kann nicht einfach am Flughafen stehen. Der
Flughafen ist heute eine farbkodierte Zone, mit anderen
Zonen drum herum, auf dem Plan muss es aussehen wie
eine Mengenlehreaufgabe. Nur bestimmte Personen dürfen für eine gewisse Zeit in einer bestimmten Zone sein,
die meisten Polizisten, Zivilpolizisten Militärpolizisten,
sonstige Polizisten, Geheimdienstleute und Leute vom Ge-
heimdienst des Geheimdienstes. Sogar einen leibhaftigen
Sheriff habe ich über die Rollbahn schlendern sehen.

Auf unserer Tribüne hat keiner Lust, winke-winke zu
machen, wir sind nicht die Teletubbies.

Ich bin natürlich fehl am Platz in dieser Meute, man ist
bei solchen Veranstaltungen immer falsch. Einmal, beim
sogenannten G8, war ich in die japanische Delegation
geraten, was dann doch auffiel. Der Japanbeauftragte des
Bundespresseamtes wurde gerufen und identifizierte mich,
nicht unkorrekterweise, als Nichtjapaner, mein mattes »Ich
interessiere mich halt sehr für Japan« wurde schon gar nicht
mehr kommentiert. Zum Flughafen Rostock waren logischerweise nur Bildjournalisten mitgekommen, die ein-
oder zweitausend Bilder von der Landung der Präsiden-
tenmaschine in der grünen Wüste brauchten, man weiß ja
nie.

Unten an der Treppe verheddert sich der rote Teppich,
es dauert, also bleiben First Lady und Gatte einfach wie
eingefroren mitten auf der Treppe stehen und winken
weiter. Unten wird stumm geflucht und gefuchtelt. Einstweilen kommt der Ministerpräsident herangeschritten, im
Hintergrund sind längst zwei chice Hubschrauber mit zwei
Rotoren startklar und also sehr laut. Bush wird kein Wort

von dem verstanden haben, was Harald Ringstorff ihm
sagte. Und es wäre ihm auch völlig egal gewesen.

Umsteigen in den Hubschrauber, der wieder von anderen Hubschraubern begleitet wird, Kampfflugzeuge und
über allem, sicher ist sicher, wacht eine Awacs-Maschine,
so geht es dann hinüber ins Hotel. Zu diesem Zeitpunkt
ist es natürlich längst kein Hotel mehr, sondern eine exter-
ritoriale, imperiale Sondersicherheitszone. Wie das Klo.
Wie ich selbst.

Am Vormittag war ich in diesem Nullpunkt unseres
Machtgefüges noch ganz normal mit einer winzigen Luft-
hansapartnermaschine aus Köln gelandet. Bei der Ankunft
war mir ein wohl arabischer Journalistenkollege in einem
weißen Anzug aufgefallen, der sich durch ausgesuchte,
wenige Zeitungsartikel arbeitete. Wir mussten beide nach
Stralsund, Busse schienen nicht mehr zu fahren. Er habe
nach einem Wagen schicken lassen, teilte er lässig mit.

Später kam das Taxi, und zwar ein runtergewirtschaf-
teter Audi mit einem dünnen, supernervösen Fahrer, an-
geknattert. Er sei als gebürtiger Rostocker noch nie im
Leben in Stralsund gewesen, stöhnte der Mann, und nun
all die Polizei, der Mann war in keiner guten Verfassung.
Von seinem Chef hatte er sich schnell noch ein Navigati-
onsgerät geborgt.

Vom Flughafen Rostock kommt man bald auf die Autobahn, dort ist es überall ausgeschildert nach Stralsund.
Jeder, der lesen kann, findet dahin. Außer diesem Fahrer.
Der hatte dafür die Navigationsstimme laut gestellt: Bitte
links abbiegen. Auf der Autobahn? Es war eine alte CD,
die neue Autobahn war nicht berücksichtigt. Je weiter
wir vorankamen, desto penetranter mahnte die Stimme
des Navis umzukehren, denn in der dem Gerät bekannten
Landschaft fuhren wir ja gerade über die Felder ins Nichts.
Bitte kehren Sie um. Vergeblich bot ich an, die Navigation

anhand der Autobahnschilder zu übernehmen, wenn er nun endlich das absurde Navi abstelle.

Der arabische Kollege versuchte derweil, seine Chefs telefonisch zu überzeugen, dass der Besuch in irgendeiner Weise relevant sei, was die, nicht blöd, natürlich nicht glauben wollten. Der Kollege trug eine blau getönte Sonnenbrille und eine goldene Uhr zu seinem weißen Anzug und bemühte sich gar nicht erst, den Fahrer als etwas anderes zu behandeln als einen Dienstboten. Bei jedem der zahlreichen Einwände des Mannes hinterm Lenkrad kamen ewiggültige Antworten: Diese Dinge lösen sich, da gibt es Mittel und Wege oder: Einfach ist es nicht, das Kutscherleben.

Mir wurde übel. Es war zu warm, und in den kurzen Momenten der Stille beschwor uns die nette Stimme, links abzubiegen – in den sicheren Tod.

Dann kamen die Checkpoints. Stralsund bestand praktisch nur noch aus Polizeieinheiten aus allen Bundesländern. Sogar einen nagelneuen Geländewagen der saarländischen Polizei sah ich am Hafen stehen. In breitem Badisch wurde unsere Taxigruppe von strengen, mit einem »Falk«-Stadtplan von Stralsund ausgestatteten Polizisten darüber belehrt, dass wir hier stehen zu bleiben hätten. Wir konnten ohne die entscheidende Marke nicht durch. Die aber gab es am Pressecenter im Inneren der Zone, wohin wir aber nicht durften – ohne die Marke.

Im Augenblick, den Fahrer zu bezahlen, war ich der Einzige mit Bargeld, der Kollege wünschte uns alles Gute und war verschwunden.

So war dann auch der ganze Rest des Besuchs: Bush fuhr, vor den Heerscharen unserer Polizisten von seiner eigenen kleinen Armee beschützt, auf dem Marktplatz von Stralsund vor, hielt eine Rede, die ein zehnjähriger Junge locker hingekriegt hätte, bekam am Abend sein gegrilltes

Schwein, und eine Million Polizisten machten eine Million Überstunden.

Da war nichts. Oder nicht sehr viel. Nach der lebensrettenden Weigerung der Regierung Schröder, bei dem Wahnsinn im Irak mitzumachen, waren die Beziehungen schlecht gewesen. Jetzt flog Bush ein und aß hier ein Schwein, das war das Zeichen, dass sich die Beziehungen verbessern. Aber das sagte er nicht, das sollten wir aus den Bildern verstehen. Kommunikation über Bilder und Inszenierungen allein passen aber nicht zur Demokratie. Ihr Medium ist das gesprochene Wort. Das beherrscht Bush nicht, und auch dieser Umstand passt zur imperialen Geste.

Das treffendste Zitat unserer Zeit hat ein anonym bleibender Bush-Berater – es könnte sich gut um Karl Rove handeln – dem *New-York-Times* Reporter Ron Suskind in den Block diktiert: »Wir sind jetzt ein Imperium und schaffen eine neue Realität, und während ihr diese Realität noch so scharfsinnig untersucht, haben wir längst eine neue erschaffen. Und so geht es immer weiter: Wir machen Geschichte, ihr untersucht sie.« Wir spielen Staatsbesuch. Ihr zeigt uns eine geleerte Stadt voller Polizisten und behauptet, das sei Stralsund. Wir zeigen euch Bush.

Und was hatte ich eigentlich dort zu suchen? Das Einzige, was ich auf die gefürchtete Bruce-Chatwin-Frage *What am I doing here?* zu sagen gewusst hätte: Ich interessiere mich für Politik. Gelächter. Ebenso gut hätte man während einer Galadarbietung von Imelda Marcos erklären können, ich mag eben Rock'n'Roll.

Etwas anderes kam noch hinzu: ein schlechtes Gewissen.

In der entscheidenden Nacht im November 2000 war ich für eine Reportage im Newsroom von CNN in Atlanta. Der Abend plätscherte so dahin. Die meisten Kollegen

beim Nachrichtensender waren liberale Demokraten, das
merkte man so zwischendrin. Es ist ein vollgestopfter
Raum, in dem einige Elemente für ein besseres Bild auf-
gestellt wurden, darunter ein Kamerakran, der über den
Köpfen der dicht gedrängt arbeitenden Journalisten hin
und her schwenkte. Höchste Unfallgefahr, hätte unsere
Berufsgenossenschaft nie genehmigt.

In einer amerikanischen Wahlnacht gibt es keinen wirklichen Schauplatz des Geschehens. Die Kandidaten hatten
sich in Erwartung der Auszählung nach Hause begeben, im
Falle der Bushs eine Hotelsuite in Dallas. Washington war
verwaist, alle wirklich wichtigen Kandidaten waren in ihre
Wahlkreise aufgebrochen, das politische Geschehen hatte
sich ins Fernsehen verlagert und außerdem, wie der Verlauf der Nacht zeigen sollte, vom globalisierungsoptimis-
tischen, international gesinnten Nachrichtensender CNN
zu Rupert Murdochs Fox News. Zu Beginn des Abends
hatte ich noch den CNN-Vizepräsidenten Eason Jordan
interviewt, der ein Loblied auf das Prinzip der Marke ge-
sungen hatte. Er hatte eine Reisetasche gepackt und sich
ein Zimmer im sendereigenen Omni Hotel buchen lassen,
weil er geahnt hatte, dass es dauern würde.

Irgendwann entstand im Newsroom eine elektrisierte
Atmosphäre, als CNN-Gründer Ted Turner den Raum
durchschritt. Er war in einer manischen, fröhlichen Phase
und verkündete, er sei auf jeden Fall der Gewinner, denn
wenn Gore Präsident werde, sei das gut für die Umwelt –
er pflegte ja diese riesigen Bisonherden, weswegen es in
den angrenzenden Restaurants vorzugsweise Bisonburger
zu essen gab, von denen ich meinem Großvater in Frankreich per Postkarte berichtete, wonach er sich heftig gru-
selte –, wenn aber Bush siege, werde er von einer gewaltigen Steuererleichterung profitieren. Die Staaten begannen
zu fallen, brav entlang der erwarteten Linien, rot und blau

abwechselnd. Beeindruckende Graphiken, die im leeren
Raum zu schweben schienen, dramatisierten das Geschehen, der ewig ernste Wulf Blitzer stand souverän vor den
Animationen. Es war ein langweiliger Wahlkampf gewesen, der keine Begeisterung aufkommen ließ. Der sichere
Gore hatte unter der Abspaltung von alternativen und
grünen Stimmen gelitten und einen insgesamt pompösen,
selbstsicheren Eindruck vermittelt

Als CNN den Gore-Sieg in Florida meldete, schien der
Abend gelaufen. Ich wunderte mich zwar, dass sich Blitzer
und Jordan so verschätzt haben sollten, aber insgeheim
freuten sich meine *partisan instincts*.

Dann erhob sich ein lautes Jaulen, Klagen aus dem Re-
gieraum sowie ein richtiger Schrei. Unvergesslich. Als ich
mich neugierig dort einfand, wurde ich erst einmal von
einer hochroten Frau mit einem Klemmbrett darüber belehrt, dass ich nichts, was ich hier sehe, in meinem Artikel
verwenden dürfte. Erst viel später wurde mir klar, dass das
der Moment war, an dem alles kippte, der *tipping point*:
Eine Revolution hat dann gesiegt, wenn sie es schafft,
den Gedanken von ihrer eigenen Unabwendbarkeit in die
Köpfe ihrer Gegner zu implantieren, und genau das geschah in diesem Augenblick. Die herkömmliche Logik des
Wahlabends wurde unterbrochen, als sich George Bush
aus seiner Suite zu Wort meldete und den Staat Florida,
den CNN gerade an Gore vergeben hatte, zurückforderte,
so wie man manchmal eine E-Mail wieder zurückholen
kann. Der Sender hätte sich zu diesem Zeitpunkt weigern
können, diesem Wunsch zu entsprechen, denn die Stimmen waren ja längst nicht ausgezählt, ja der Auszählungs-
modus selbst geriet gerade erst in die Kritik. Es gab in der
Wahlnacht keinen Grund, Bush nachzugeben. Bis heute
ist nicht geklärt, wer in Florida die meisten Stimmen bekommen hat.

Der Konkurrent Fox News war längst vorgeprescht und hatte Bush zum Sieger ausgerufen. Bei CNN herrschte Unsicherheit. Die Daten, über die alle Sender verfügten, waren nicht viel wert. Jahrelang hatte man jeden Dollar nur dahin gesteckt, wo die Zuschauer es auch sehen – Graphiken, bekannte Moderatoren, Studios, und im Hintergrund gespart, also auch dort, wo die Umfragen gemacht werden. Die Regie telefonierte hektisch herum, gab Florida wieder frei, und ich stand dumm daneben. In diesem Augenblick wurde Bush Präsident. So leise ereignen sich Katastrophen.

Dieses einzigartige Desaster hat, ein dialektischer Trick, den Stellenwert von Politik wieder klargemacht. Vorher, ja noch in der Wahlnacht, war man davon ausgegangen, dass die Unterschiede etwa zwischen einer demokratischen – also New-Democrat-mäßigen, wirtschaftsfreundlichen Richtung – und republikanisch geführten Regierung vernachlässigenswert sein dürften. Irgendwie dachte man, die Inkompetenz des Texaners, der auch innerhalb seiner Familie als schwarzes Schaf galt – seine Eltern favorisierten ganz offen eine Kandidatur seines Bruders, des Gouverneurs von Florida –, würde durch ein erfahrenes Team kompensiert. Man konnte da noch nicht ahnen, dass dieses Team schon eine eigene Agenda zur militärischen Neuordnung des Mittleren Ostens und des Verfassungsgefüges der USA mitbrachte, bitter entschlossen, die Schmach von Watergate zu rächen.

Die auf diesen kurzen Moment folgenden acht dunklen Jahre waren dann auf jedem einzelnen Feld eine Lektion darin, wie verheerend schlechte Politik sein kann.

Bushs Besuch in Stralsund war das Gegenteil von Politik, ja er offenbarte eine tiefe Verachtung für all das, was Politik in einer westlichen Demokratie auszeichnet, etwas, das nur unser Teil der Welt vorzuweisen hat. Dieser Besuch stützte sich allein auf die Kraft bestimmter, durch und durch inszenierter Bilder, nirgends auf das Wort. Die Stadt, die da angeblich besucht wurde, war völlig lahmgelegt, die Besucher und Touristen ausgesperrt. Als wir Journalisten auf den historischen Marktplatz gelassen wurden, erkannte es ein Kollege aus dem White House Press Pool sofort: *Look, it's a Hollywoood set.*

Der Präsident wollte nicht den normalen Gang des Lebens in dieser ehemals kommunistischen Stadt betrachten, stattdessen wurde alles nach seinen spezifischen Wünschen umgeleitet. Und in seiner Rede auf dem Marktplatz – was für eine historische Gelegenheit, die Schulbücher sind voll mit Reden auf öffentlichen Plätzen – reihte er eine Banalität an die nächste, es war die reinste Leistungsverweigerung.

Dabei ist es keineswegs so, dass das Desinteresse ausgerechnet des mächtigsten Mannes der Welt, der bei seinem Besuch aus der Nähe agierte wie unter Wasser, wie unter Medikamenteneinfluss unkontrolliert grinste oder unangemessen keckerte, der sichtlich stolz war, die Ziffern der Israel betreffenden Uno-Resolutionen oder schwere Wörter wie Hisbollah in einem Rutsch herauszubekommen, dass dieses Desinteresse für den öffentlichen Meinungsaustausch, den freien Wettbewerb und den Streit unter politischen Gegnern, der einen Kontakt voraussetzt und also gerade nicht mit sich bringt, dass man die Marktplätze von Demonstranten safe macht, allgemein geteilt würde. Ich glaube, genau das Gegenteil ist der Fall.

Politik interessiert am meisten, und zwar heftiger und dauerhafter als Sport, Wirtschaft, Film, Musik oder Wissenschaft. Die meistgesehenen täglichen Sendungen – in Deutschland die Tagesschau – sind politische Sendungen. Politische Ereignisse elektrisieren die Menschen und bereiten ihnen Sorgen, lange bevor irgendetwas, wie es dann immer heißt, in der Haushaltskasse zu spüren ist. Politische Persönlichkeiten bilden auch lange nach ihrem Austritt aus dem aktiven Dienst eine Schnittstelle zwischen den persönlichen Ansichten und den sogenannten Sachthemen: Die meisten Deutschen haben noch eine Meinung zu Hans Eichel, Theo Waigel oder Joschka Fischer, wer aber kennt schon Henning Schulte-Noelle oder Wolf Lepenies?

Wie Schlagerstars bleiben Politiker auch lange nach ihrer aktiven Zeit berühmt. Kein Besuch im Reichstag, ohne dass sich die Rentner oder Schüler erstaunt zuflüstern: So sieht der aus. Gibt's den immer noch. Viel kleiner als im Fernsehen.

Politiker sind Celebrities, aber eine spezielle Sorte: Solche, die sich um uns kümmern wollten, die um unsere Zustimmung gebeten haben und uns seither irgendwie gehören.

Zum schärfsten Rivalen der Politik erwuchs in den achtziger Jahren des vergangenen Jahrhunderts die Wirtschaft, aber nicht die Seite der Arbeit, die gewerkschaftliche Organisation der Arbeiter und Angestellten, eigentlich auch nicht das Kapital, sondern bloß deren angestellte Sachwalter, das Management. Erinnert sich noch jemand an Lee Iacocca, Retter von Chrysler und Autor einer Millionen Mal verkauften Autobiographie? Der große Star unter den Management-Philosophen ließ die meisten politischen Amtsinhaber recht müde aussehen.

Heute, über zwanzig Jahre später, ist das Bild der Manager am Boden. Auch die Revolution des Entertainmentsektors in den 1990er Jahren, mit der Explosion der Medienangebote, dem Zusammenschluss von Unterhaltungskonglomeraten mit ihren Verwertungsketten und den vielen global geliebten Stars hat die Politik nicht erledigt. Im Gegenteil. Seit Jahren ist das Mantra zu hören, Wahlkämpfe würden inhaltsleer und amerikanisiert, personalisiert, und nur noch die Show sei ausschlaggebend, aber so ist es nicht gekommen: Ein SPD-Parteitag in Bochum gleicht doch sehr einem früheren Parteitag und keiner RTL-Sendung.

Politik ist das Koffein, das den Alltag so lange antreibt, bis er irgendwann Geschichte heißt, und auf dem Weg dorthin spüren wir manchmal die bekannten Nebenwirkungen: Angstzustände, Schlaflosigkeit und allgemeiner Aufruhr.

Das Land, in dem Politik für mich begann, gibt es nicht mehr, diesen schmalen, in der Mitte wie von Magenkrämpfen gekrümmten Streifen im Westen der heutigen Bundesrepublik. Oft hört man, dieses im heutigen Deutschland aufgelöste Land sei eine Idylle im Abseits der Geschichte gewesen, aber das stimmt nicht: Das Bundesland Rheinland-Pfalz etwa war ein reiner Flugzeugträger der Amerikaner, die ganze Republik war mit Atomwaffen überreich gesegnet, die DDR durch und durch militärisch durchstrukturiert. Es gab extralange Wehr- und Zivildienstzeiten und jeden Samstagmittag Luftschutzsirenentests. Das war gewissermaßen der zivile Arm des späten, Kalten Krieges, der einfach nicht enden wollte.

Seitdem hat sich mehr getan als in vielen Menschenleben zuvor. Links und Rechts sind heute in ihrem Interesse an staatlichem Handeln überhaupt geeint, die gewaltigen Kräfte der Finanzmärkte und die transnationalen Möglichkeiten der Kommunikationstechnologie fordern den Staat heraus. Vielfach ist die Entstehung von Söldnerheeren, unberührbaren Superreichen und gesetzlosen Sonderterritorien zu beobachten, wie in den Feudalstaaten des agrarischen Zeitalters.

Alles ist anders, aber ganz orientierungslos sind wir nicht. Es gab ja einen Ausgang aus den Blöcken, der von

vielen gesehen und beschrieben, aber letztlich allein von
Michael Gorbatschow und Eduard Schewardnadse durch-
schritten wurde.

Damals fand eine segensreiche und überfällige Anthro-
pologisierung des politischen Diskurses statt, die sich vom
Überbau ab- und den biologischen Gemeinsamkeiten zu-
wandte, Entspannungspolitik und der KSZE-Prozess liefen auf dasselbe hinaus: Weil der Mensch Beine hat, soll
er reisen können, weil er Familie hat, soll man sie zusam-
menführen, weil er Körper hat, soll man die Umwelt nicht
verstrahlen und die Nahrung nicht verseuchen. Und der
menschliche Körper soll nicht im Namen einer abstrakten
Idee gequält werden.

Die Leute, so der postheroische Zeitgeist, verfolgten in
ihrem – Lieblingskategorie der 80er Jahre – Alltag ganz
andere Ziele und Wünsche als die Niederlage des je anderen Blocks, und genau in dieser Differenz zu den Kalten
Kriegern lag eine Gemeinsamkeit in Ost und West, das
»Interesse der Menschen« war die Zauberformel. Die Ideo-
logien kamen nicht weiter und standen sich an der Glieni-
cker Brücke gegenüber, die Geschichte entdeckte einstweilen den Alltag. Lustigerweise erforschte ich zur selben
Zeit den Alltag der Politik.

Politik, selbstgemacht

Meine dauerhafteste politische Errungenschaft kann man
noch heute im »Erfrischungsraum 1« der Mensa der Universität des Saarlandes besichtigen und benutzen: Ich ließ
die Zapfanlage für Cola und Limonaden umdrehen. Bis
dahin konnte nur die Kassiererin, eine ältere Dame in
Kittelschürze, die Limos zapfen, was endlos dauerte und
überhaupt nur dann ging, wenn sie nicht gerade kassieren

musste. Nach vielen Momenten des Wartens auf die Cola vor der Colazapfanlage fiel mir ein, dass ich ja auch selber zapfen könnte, wenn das Ding nur andersherum stehen würde, wie in den meisten Cafeterien der Welt.

Mein bester Freund war einer der studentischen Vertreter im Verwaltungsrat der Mensa, und da er es satt hatte, immer auf mich warten zu müssen, und ohnehin froh war, mal ein Thema für die langweiligen Sitzungen zu haben, versprach er, die Umdrehung der Zapfanlage dort anzusprechen. Kurze Zeit später sah ich zwei oder drei ernste Männer in grauen Kitteln an der Anlage, die das Bedienelement abschraubten, einmal um die eigene Achse drehten, die Schläuche umsteckten und alles wieder festschraubten. Schon war das Werk vollendet, ich kam ohne Umwege über die ohnehin schon vom Leben genug belastete Aushilfskraft an meine Erfrischungsbrause. Es war sinnvoll, hatte nichts gekostet und erleichterte meinen Alltag und den der Kassiererin – so sollte alle Politik sein.

Wenn es mit einem vieldeutig schwingenden Unterton heißt, jemand habe sich entschlossen, in die Politik zu gehen, wird nie angefügt, dass die Politik grundsätzlich keinen zurückweist. Jedes Kloster, selbst die Fremdenlegion, macht strengere Auflagen an Aspiranten. Das macht die unteren politischen Gliederungen so attraktiv für Personen, die es ansonsten schwer haben im Beruf, im Freundeskreis, in der Familie. Ein Ortsverein, eine Studentengruppe, wird zu einem Interessenten nie nein sagen. Um Karriere zu machen, genügen, wie Peter Glotz einmal geschrieben hat, 250 freie Abende im Jahr. Welcher einigermaßen ausgeglichene Mensch mit einem Job, einer Familie oder Freunden, mit einem Leben, hat die schon?

Es gibt eigentlich bloß zwei Wege in den politischen Beruf: der eine über den Ortsverein, der andere über Hochschulen und Verbände. Junkies machen beides.

Politik an der Universität ist mit der Kommunalpolitik eine der beiden Primärformen der Politik in Deutschland, hier geht es für die meisten los. Da gibt es politische Talente, die man schon im Studium erkennt, und man staunt. Nie werde ich die Sekunde vergessen, die es nur brauchte, bis Jochen, unser damaliger Gruppenchef, den Vortrag eines biederen Beamten von der CDU unterbrach, der bei den Beratungen einer neuen Satzung der Studentenschaft die Rolle des Hochschulsports im Universitätsleben ansprach und dabei auf Oxbridge verwies, auf die USA, wo die College-Mannschaften ja auch Beträchtliches leisten. Während ich noch schafsartig nickte, blaffte Jochen bereits: »Nein. Wir fördern den Breitensport und nicht den Spitzensport!« Und das war das.

Kaum war man mit ihm in kleiner Runde, begann er, auf jeder ebenen Fläche aufzuzeigen, wo die anderen, die grünalternativen GALier und die kommunistischen Spartakisten, Codename Spackos, standen, wo aber wir und wo wiederum die anderen Juso-Hochschulgruppen, die dogmatischen Münsteraner, und wie wir uns mit den ebenfalls undogmatischen Göttingern verbünden könnten. Persönliche Zu- und Abneigung spielten eine gewisse Rolle bei der Wahl seiner Verbündeten, weit mehr aber noch liebte er Schnelligkeit, Cleverness und ein bewegliches, den Umständen angepasstes Denken. Gesetzentwürfe aus anderen Bundesländern hatte er meist noch vor unserer zuständigen Verwaltung und ließ sie den Beamten gerne kopieren. Seine energische, aber sachbezogene und qualitätsorientierte Art führte dazu, dass ich die Flugblätter der Gruppe auch heute noch ohne größeres Unbehagen lesen kann. Ganz frei von Sonderbarkeiten waren seine politischen Auffassungen allerdings nicht, er fand die Vorstellung unmöglich, als Sozialdemokrat für Johannes Rau zu stimmen. Aber wie eigensinnig seine Art auch sein mochte – seine Hände oder Beine zappelten unablässig, und außerhalb der Politik hatte er damals kein Leben –, die von ihm durchgeführten BAföG- und Rechtsberatungen waren exzellent. Unsere Sitze im Studentenparlament wuchsen von sechs auf acht und dann, als ich die Liste anführte, auf zwölf. Auch nachdem er längst die Uni gewechselt hatte, um sein Studium voranzutreiben, kam er noch zu Besuch, und nach ein paar harmlosen Plaudereien brach es aus ihm heraus: »Gib mir erst mal den politischen Bericht!« Dieser echte Junkie der Politik ist der Einzige aus der ganzen Gruppe, der noch politisch aktiv ist.

Ein anderes Talent war Moritz, der weniger ein konzeptionelles und strategisches als vielmehr ein soziales Genie war. Moritz kannte innerhalb weniger Minuten alle Anwesenden einer Versammlung mit Vornamen, wusste kurze Zeit später auch, wie ihre Freunde beziehungsweise Freundinnen hießen. Ging man mit ihm über den Campus, konnte das Stunden dauern. Er war zwar erst seit wenigen Monaten aus einem anderen Bundesland hergezogen, begrüßte aber jeden Zweiten herzlich und rief blassen Figuren aus anderen Fakultäten ein fröhliches »Tschö Stef! Grüße an die Manu und viel Spaß in Budapest« zu. Jeden Morgen stand er um 5 Uhr auf und ging zum Frühschwimmen ins Hallenbad, nicht wegen der Leistung, sondern weil er wegen einer angeborenen Veranlagung auf sich achten musste.

Traf man ihn in der Mensa, erzählte er beiläufig, im Bus habe ein Fahrgast einen epileptischen Anfall erlitten. Auf die bange Frage, was er da gemacht habe, ratterte er leise einen ganzen Katalog herunter, der mit der stabilen Seitenlage begann und über die Organisation von Mithilfe bei anderen Fahrgästen bis zur Benachrichtigung eines Rettungswagens durch den Funk der Busfahrer reichte. Er war das Gegenteil von einem Angeber, kein Schicksalsschlag war ihm fremd, ihm und seiner Familie selbst war wenig erspart geblieben. Als er einmal ein Praktikum in einer großen Anwaltskanzlei im europäischen Ausland machen konnte, erzählte ihm der Gründer und Eigentümer gleich am ersten Tag, dass er HIV-positiv sei und das Fortbestehen der Firma alles andere als gesichert. Leider erzählte er es nur ihm. Die kommenden drei Monate war Moritz mit diesem Wissen allein unter Kollegen, die in der Firma ihre Pläne machten und von den Sorgen ihres Chefs nichts ahnten.

Er verlor sich nach dem Studium leider im Dickicht des europäischen Rechtswesens, aber was für ein Politiker hätte aus diesem Hochschultalent werden können.

Es gibt die Jochens und Moritz', und dann gibt es all die anderen, die, die den politischen Normalbetrieb am Laufen halten. Leute wie Norbert. Norbert war wirklich sehr dick. Irgendein Problem wird er gehabt haben, ich weiß nicht, welches, aber es trieb ihn in die Politik. Er hatte irgendwann fast alle politischen Gruppierungen von den Christdemokraten zu den Kommunisten durch und es geschafft, eine ganze Reihe von Ämtern in der studentischen Selbstverwaltung zu bekleiden. Norbert war launisch, konnte aber sehr nett sein und gesellig. Eine Eigenschaft brachte er aber mit, die auf Dauer schwer zu ertragen war, denn er verspürte oft die Notwendigkeit, Geschichten aus seinem Leben zu erzählen, die nicht wahr sein konnten. Sie folgten stets demselben Muster, dass also der Kultusminister, Willy Brandt oder Oskar Lafontaine ihn gebeten hätten, diese oder jene Aufgabe in Ungarn oder Thüringen oder im Nordsaarland zu übernehmen, was er aber aus wichtigen politischen Gründen, die er dann genüsslich darzulegen liebte, habe absagen müssen.

Natürlich trug ihm das mächtigen Spott ein, dass er wohl von der Zwischenprüfung zur Habilitation übergehen werde, hieß es kichernd auf den Fluren seines In-

stituts, meist aber machten die Leute ein halbwegs ernstes
und höfliches Gesicht zu den Märchen, einfach, um nicht
in Streit mit ihm zu geraten. Die Jahre gingen ins Land,
durch ein häufiges Wechseln des Terrains fiel es nicht so
auf, dass er eigentlich keine übermäßigen Leistungen er-
brachte, wenn überhaupt. Sicher war ihm allerdings Aufmerksamkeit. Kaum einer, der ihn nicht wenigstens vom
Sehen gekannt hätte.

Seine politischen Positionen waren, um es höflich zu
formulieren, anders als die aller anderen. Wenn man Glück
hatte, folgte er bloß dem Gang einer Sitzung und hob
mehr oder weniger mechanisch die Hand bei den Abstim-
mungen. Wenn man aber Pech hatte, versuchte er, eine
Debatte vom Zaun zu brechen. Einmal war sein Thema,
dass und warum Christen in der SPD niemals für Johannes
Rau sein könnten. Ein anderes Mal verlangte er, der Asta
möge in der Mensa ein tägliches Eintopfgericht für weniger
als zwei Mark anbieten lassen, denn es gebe viele Student-
Innen, die mit weniger als fünf Mark am Tag auskommen
müssten – eine Angabe, der alle Zahlen widersprachen,
ganz abgesehen davon, dass für in Not geratene Studenten
eine Reihe von unterstützenden Maßnahmen angeboten
wurden, die weit über das billige Abfüttern gingen.

Das war so eine Standardsituation des Politischen: Man
sah sich einem stark übergewichtigen Diskutanten gegenüber, der im Namen imaginierter verhungernder Studen-
tinnen die radikale Verbilligung von Essensmassen forderte
und jede Entgegnung, jeden Verweis auf die ohnehin schon
absurd niedrigen Essenspreise als Verrat an den Ärmsten
unter den Kommilitonen, insbesondere den Frauen, an-
zuprangern bereit war. Man konnte auch schlecht sagen:
»Mein Lieber, du wärst doch leider selbst der beste Kunde
solch eines Billigfutters und bist wirklich schon dick genug.« Obwohl es jeder dachte.

Solche Auftritte führten zwar nicht in jedem Fall zum erwünschten Beschluss, aber ganz ohne Wirkung blieben sie auch nicht. Es gibt außer dem überzeugenden Argument oder dem notwendigen Kompromiss noch einen dritten Grund, einer Vorlage in einer Sitzung zuzustimmen: Damit der Schmerz nachlassen möge, den Querulanten zu bereiten verstehen, indem sie sich unerträglich benehmen, die Sitzung ewig in die Länge ziehen und ein Psychodrama aus Liebe und Verrat inszenieren.

Ein anderer Fall schien Niklas zu sein, der irgendwann über eine Fachschaft den Weg zu uns gefunden hatte. Nachwuchs war immer ein Problem gewesen, die Gruppe funktionierte als In-Group, es war schwer, den Weg hineinzufinden, wenn man nicht zufällig persönliche Beziehungen zu einem pflegte, der schon drin war.

Niklas kam aber einfach so, er war groß und blond, etwas konservativ gekleidet und sprach klares Hochdeutsch. Er schien belastbar, ging einem zwar auf die Nerven mit seiner bemüht bildungsbürgerlichen Sprache, aber wir waren nicht wählerisch. Er schien überkorrekt, das hätte uns vielleicht stutzig machen sollen. Egal, er arbeitete wie ein Tier.

Sonst waren nur die Kommunisten mit vergleichbarem Fleiß bei der Sache, es ging ihnen eben um etwas, um die Rettung der Menschheit nämlich. Darum fanden sie nichts dabei, bei Eis und Schnee Plakate zu kleben, die, wie wir heute wissen, sämtlich die DDR bezahlt hatte, stundenlang an Büchertischen zu stehen oder bis in die frühen Morgenstunden irgendwelche Feste zu überwachen. Mit Niklas schienen wir eine Antwort auf diesen herkulanischen Fleiß gefunden zu haben. Bei den Wahlen zum Studentenparlament blieb er bis spät nachts und malte Plakate, alles mit der Hand, kostengünstig. Die Überraschung kam am nächsten Morgen. Einer unserer Kandidaten entdeckte jedenfalls ein Plakat mit seinem Foto und darunter, handgeschrieben, »Tschitti Tschitti Bäng Bäng«. Der ganze Campus war mit ähnlich absurden Slogans übersät. War es das Lösungsmittel in den Filzmarkern? Oder waren ihm plötzlich Zweifel am Sinn seiner Tätigkeit gekommen?

Wenig später rasierte sich Niklas eine Glatze, sagte seltsame Sachen und schminkte sich das Gesicht ganz weiß. Nachts tauchte er irgendwo auf und klingelte, dann wieder verschwand er für Wochen. Heute soll er wieder ganz gesund sein.

Er war kurzfristig durchgedreht und hatte sich halt die Politik erkoren, um die Krankheit auszubrüten. Da war und ist er nicht der Einzige.

Auch die anderen politischen Gruppierungen zogen Originale und seltsame Charaktere an. Einer, der unbedingt Friedensreferent werden wollte, schleppte immer siebzigseitige Papiere an, die völlig unverständlich blieben, die Kommunisten wandten sich bei Liebeskummer an ihren politischen Regionalbetreuer, und der ewige Chef der Wirtschaftswissenschaftlergruppe beschwor mich in angetrunkenem Zustand unter Tränen, ihn wenigstens ein paar Tage Asta-Präsident sein zu lassen, wenn es sein müsste über die Weihnachtsfeiertage. Wir könnten das Gebäude in der Zeit auch abschließen.

Es gab also all die Erleuchteten und Originale, und es gab die, die schlimmer dran waren, die Faulen und Größenwahnsinnigen und Schwätzer. Wer kommt schon auf die Idee, an einem Tag, an dem die Studentenschaft im Zuge einer lang geplanten Protestaktion den Campus vom Autoverkehr abriegelt, mit dem eigenen roten Sportwagen asiatischer Herkunft vorzufahren und mit dem Hinweis Einlass zu begehren, er sei vom Asta? Leider genau solche, die die Politik nicht mehr verlassen. Ein Kollege war auch nicht in der Lage, das wichtigste und beste Fachbuch zum

Thema Bafög-Förderung zu lesen und zu verstehen, leider war er zum Nachfolger des äußerst kompetenten Bafög-Beraters bestimmt worden. Schon bald sah sich der Asta mit Beschwerden und in einem Fall sogar den Regressforderungen von Kommilitonen konfrontiert, die eine völlig falsche Beratung um ihren Anspruch auf Förderung gebracht hatte. Das hinderte unseren Mann nicht, mit großer Geste und bei jeder Gelegenheit eine grundlegende strategische Debatte und im Zweifelsfall einen Schwenk nach Linksaußen zu fordern. Er gehörte zu den Leuten, die in der Jugend auf eine Art links sind, die ihren Wechsel nach rechts zuverlässig vorhersagen lässt.

Und dann sind da noch all die großen Momente, die die ganzen Merkwürdigkeiten aufwiegen, die Wahlnächte, in denen man Sitze gewinnt, die überzeugten Passanten, die Zusammenarbeit mit Experten, die wie durch ein Wunder dieselben Überzeugungen teilen, die Podiumsdiskussion, während der der Minister ein altes Flugblatt von uns aus seiner Vorlagemappe kramt und selbstkritisch erklärt: Da hatte die Juso-Hochschulgruppe wohl recht.

Eine Partei hat, bei aller schwer zu verteidigenden Tendenz, ein absolutes Eigenleben zu führen und sich in allen gesellschaftlichen Lebensbereichen auszubreiten, genau dies auch zum Vorteil. Will man sich über die Konflikte, die Streitpunkte etwa in einem Krankenhaus oder einer Sendeanstalt informieren, dann wendet man sich an dortige Genossen. Ohne sich groß kennenzulernen, arbeitet man schon zusammen.

Es gibt auch die Freude der geheimen Operation, der Absprachen, der Coups, wenn ein lang ausgeheckter Mechanismus greift und zur allgemeinen Verblüffung ein unerwartetes Resultat herauskommt.

Doch bei allem Rausch – große Felder des politischen Alltags, die Ortsvereinssitzungen und vor allem die langen

Wochenenden in Mehrzweckhallen bei Parteitagen, die keiner Zeitökonomie unterlagen, habe ich nicht vertragen. Irgendwann hieß es daher: weiterstudieren.

Was Politiker können, können nur Politiker

Meine Bewunderung für die praktische Arbeit von Politikern ist seitdem aber nur gestiegen. Es verhält sich wie bei dem Werbeslogan für den Friseurberuf: Was Politiker können, können nur Politiker. Sie beherrschen vier oder fünf komplizierte Prozesse, die in anderen Lebensbereichen kaum vorkommen, ohne die es aber nicht geht. Manche haben keinen instrumentellen, sondern eine Art volksmagischen Zweck. Genau das macht sie unersetzbar.

Politiker *begrüßen*, aber nicht Mitbewohner zum Frühstückstisch oder Nachbarn an der Bushaltestelle, sie begrüßen Handlungen, Äußerungen oder auch bloß Tendenzen. Und obwohl sie keine Richter sind, *verurteilen* sie auch, nicht Verbrecher und Gauner, sondern Untaten, Unwetter und unglückliche Äußerungen. Wie seltsam diese Routine eigentlich ist, merkt man dann, wenn sie in einem anderen Kontext praktiziert wird. Ein nicht unbekannter Kollege, allerdings keinesfalls der Chef oder hierarchisch über den meisten anderen, pflegte nach Art der Staatsmänner in der wöchentlichen Abstimmungskonferenz der Zeitung, für die ich damals arbeitete, das Geschehen der vergangenen Tage derart anzugehen: Wir alle hatten von dem Putsch in irgendeinem ostasiatischen Inselstaat gehört, aber nur er schlug mit der flachen Hand auf den Tisch, erzählte kurz nach, was wir alle in den Nachrichten gehört hatten, und »verurteilte den gewaltsamen Machtwechsel entschieden«: Machtwechsel hätten durch freie, geheime und allgemeine Wahlen zu erfolgen und nicht anders.

Ja. Gut. Wir anderen waren jetzt auch nicht gerade angetan von den Entwicklungen dort, mancher Kollege hatte sich womöglich schon überlegt, wer für uns darüber berichten könnte, welcher Schriftsteller aus dieser Region noch einmal Stellung nehmen könnte, aber keiner von uns hatte daran gedacht, den Putsch auch wirklich zu verurteilen – wozu auch?

Nun saßen wir als stumme Gutfinder, als lauwarme Appeaser im Bunde mit der Junta in der Runde und warteten zugleich darauf, welchem Problem er sich als Nächstes zuwenden würde.

Als in den USA ein jugendlicher Straftäter zum Tode verurteilt worden war, ratterte er uns ohnehin Überzeugten alle Gründe herunter, die historisch, ethisch und systematisch gegen die Todesstrafe sprachen, gab sich entsetzt darüber, dass man dort nun schon Jugendliche auf den elektrischen Stuhl bringe, ja und er verurteilte die Todesstrafe. Wir schauten unterdessen verlegen. An einem anderen Morgen waren die Nobelpreise in den Naturwissenschaften vergeben worden, auch hier referierte er die Meldungen, wie sie im Radio vorgelesen worden waren, und begrüßte die »Entscheidung der schwedischen Akademie vorbehaltlos«.

Es mag geholfen haben, dass er ein großer Mann war, mit lauter Stimme und einem insgesamt recht energischen bis leicht aggressiven Naturell, sodass niemand tat, was in dieser Situation das einzig Richtige gewesen wäre, nämlich laut aufzulachen.

Was Politiker also den ganzen Tag tun, auf jede Entwicklung in der Welt urteilend zu reagieren, sich dazu in Beziehung zu setzen, wirkt bei einem Nichtpolitiker unfassbar peinlich. Ebenso gilt dies für offizielle Besuche, Sommerinterviews, Sondierungsgespräche und Koalitionsverhandlungen. Es ist wie bei »MTV Jackass«: Man sollte besser nicht auf die Idee kommen, das im Fernsehen Gesehene zu Hause zu versuchen, aber in einem größeren Rahmen wird es erträglich, ja wir erwarten es sogar. Würde die Bundeskanzlerin zu einem Regierungswechsel in Europa, einem Sportereignis oder einer bedeutenden Ehrung gar nichts sagen, würden bald die Fragen laut, was die eigentlich den ganzen Tag macht. Das gilt selbst dann, wenn wir die Stimmen weder teilen noch brauchen: Hört man eine Weile lang nicht die hysterischen, klientelorientierten, neoliberalen Ideologismen von Guido Westerwelle, fehlt einem was, es ist eine Art akustischer Möblierung des öffentlichen Raums, an der man sich wie die Fledermäuse echolotartig orientiert.

Ein Politiker redet anders als der gewöhnliche Zeitgenosse, was auch daran liegt, dass ihm seine Kollegen ganz anders zuhören, denn als aktiver Politiker vertritt man immer jemanden, im Idealfall die Wähler, oft genug aber bloß die eigene politische Kleingruppe. All die üblichen, zivilisatorisch so angenehmen Einschränkungen der beanspruchten Geltungskraft eigener Aussagen, wie »meiner Meinung nach« oder »wenn ich nicht irre«, kann man da vergessen, und zwar restlos.

Studentenparlament, erste Sitzung: Ich melde mich, bekomme von der Vorsitzenden das Wort und trage vor, was ich mir überlegt habe. Das ist für die anderen Fraktionen schon zu viel. Schon als ich aufstehe, lassen die Kollegen von der Opposition, die mich gar nicht kennen, es ist ja mein erster Auftritt, den Kopf in ihre Hände fallen. Und noch bevor ich meine Sache vortragen kann, werden sie von Abwehrreflexen geschüttelt. Mein vorsichtiger und abgewogener Vortrag ist denen in jeder Hinsicht zu viel, und wie ich schon aussehe, unerträglich. Bei dieser nicht einmal besonders extremen Show der anderen Seite wird mir klar, dass ich tausend Jahre auf diese Kommilitonen einreden kann, ohne dass sie im entscheidenden Augenblick in meinem Sinne die Hand heben, ganz egal, ob sie persönlich zu mir einen Draht finden oder nicht. Dabei verbindet uns viel: Gleicher Bildungsweg, gleiche Altersgruppe, gleiches Geschlecht, gleiche regionale Herkunft und der Wille, das Studium durch studentische Selbstverwaltung zu ergänzen. Und dann trennt uns der ganze Rest.

Die prinzipielle Ablehnung fraktionsfremder Äußerungen war natürlich nicht auf die Opposition beschränkt, auch unsere Leute fanden jede Wortmeldung von den anderen Bänken bescheuert. Als sich etwa eine frisch gewählte Abgeordnete von der Grün-Alternativen Liste erhob und sich mit den Worten vorstellte, »Ja, hallo ich bin die Kai und …«, da war es auf dem Platz neben mir aus. Udo, ein junger Germanist aus dem Nordsaarland, auf seltsame Art in gewissen Dingen sehr konservativ, hob beide Hände an die Schläfen und brüllte los. »Die Kai? Häää? Wie bitte? Kai ist ein Jungenname! Was soll das denn? Hat die an ihrem Namen herumgedoktert? Katharina, die heißt doch im Pass sicher Katharina« – und so ging es eine ganze Weile weiter. Irgendwann beruhigte er sich, allerdings nur so lange, bis er erkannte, dass die Kai eine alte Telefonwählscheibe als Haarschmuck trug, woraufhin er gleich wieder losheulte.

Wäre die Kai eine von uns gewesen, hätte er sich kaum so lautstark geäußert, aber so galt auch für diese junge Frau: In dem Moment, in dem man aufsteht, hatte man bei den anderen Fraktionen schon verloren.

In den Kommissionen der akademischen Selbstverwaltung machte ich dieselbe Erfahrung: Wenn ich das Wort ergriff, begannen alle Professoren, mit denen ich mich abseits solcher Veranstaltungen, niemanden vertretend als mich selbst, durchaus gut verständigte, ihre Schuhspitzen zu betrachten, die Zeitung aufzuschlagen oder aus dem Fenster zu blicken. Mein Redebeitrag war ganz einfach die Werbepause.

Was man also in solchen Gremien lernt, ist, stur weiterzureden, auch wenn die Zuhörer sich vor Grauen schütteln.

Die legendärste politische Situation ist vielleicht das Händeschütteln in der Fußgängerzone. Sie ist keineswegs unangenehm. Kaum jemand kann sich einer fröhlich entgegengestreckten Hand entziehen. Etwas anders verhält es sich mit dem Verteilen von Material, Flugblättern und Ähnlichem. Das gehört für viele doch in die Kategorie Verschwendung von Rohstoffen, nur chronisch Schüchterne nehmen das Zeug bereitwillig, darum gibt es ja auch all die Bitte-keine-Werbung-Aufkleber an den Briefkästen. Doch der direkte Kontakt ist ein Akt von spezieller Magie, eine Übertragung. Eine Mehrheit der Menschen in der Fußgängerzone kommt mit unterdrückter Aggression zu einem politischen Stand, oft ist ihre Kritik nicht zielgerichtet, sondern polymorph, es ist ein Raunen und Schimpfen, das sich aber, und das ist der ganz erstaunliche und schöne Moment, sofort auflöst, wenn man sich nur einige Minuten unaufgeregt unterhält, eine Art Blitzableiterfunktion.

Und es kann auch zu ganz anderen Szenen kommen. Lange bevor er so ein Basta-Kanzler wurde, konnte ich Gerd Schröder am Rande einer Veranstaltung beobachten, die von Aktivisten eines Behindertenverbands gestört wurde. Er bot ihnen an, sich mit ihnen zusammenzusetzen, wenn sie ihn die Ansprache zu Ende bringen lassen. So geschah es. Später hörte er sich das Problem an, dabei redeten die ganze Zeit die anderen, er schwieg und notierte sich kurz etwas.

Die meisten kuriosen Lebensäußerungen eines Politikers bleiben der Öffentlichkeit allerdings verborgen. Endlose

Gremiensitzungen, in denen über irrelevante Positionspapiere geredet wird, teilweise um Nebensätze streitend, in denen die bloße physische Anwesenheit gefragt ist, weil man sonst »das Gremium missachtet«. Veranstaltungen, die Freizeit und ganz allgemein Leben simulieren – als sei es normal, im Pulk Rad zu fahren oder Eintopf zu essen –, werden noch dazu unter ein gutes, ernstes Motto gestellt, an das ernsthaft nur Grundschulkinder glauben können.

Und doch lässt sich auf das Zeremonielle nicht verzichten. Bei dem Besuch der Kulturstaatsministerin einer neu eröffneten Außenstelle des Bundesfilmarchivs in der Weite vor Berlin zog sich ein Besuchertrupp durch die Büros und Werkstätten, da fiel mein Blick auf einen aufklappbaren Wochenkalender am Arbeitsplatz einer dort Beschäftigten. Er war zwei Wochen lang, bis auf die sehr frühen Zugabfahrtzeiten, völlig leer. Nur für den betreffenden Tag stand da mit Bleistift »Besuch Frau Ministerin«.

An so einem Tag ruhen alle Blicke auf den Politikern, sie müssen solche Besuche irgendwie animieren, ihnen eine Seele einhauchen und umgekehrt ertragen, also auf sich nehmen, dass eine Menge von Erwartungen, Hoffnungen, aber auch Hohn und Kälte bei ihnen abgeladen wird. Ein falscher Spruch, ein sachlicher Fehler können böse Konsequenzen haben, darum wird Risiko belohnt: Der Politiker, der etwa in einer Rede alles auf eine Karte setzt, dem es um ein wirkliches Anliegen geht, wird mit Aufmerksamkeit und manchmal mit dem Einzug in die Geschichtsbücher belohnt. Der amerikanische Journalist und Schriftsteller Joe Klein nennt das, in Anlehnung an eine spätabendliche, unangekündigte und sehr gewagte Rede Harry Trumans den *»turnip day«*-Moment, weil sich Truman da mit dem Kongress anlegte und ihn aus den Ferien zurückbeordern ließ – und zwar genau für den Tag, an dem in seiner Heimat die Rüben ausgesät werden.

Noch etwas anderes prägt die Praxis der Politik, eine Art Übertragung. Beim Besuch von Hillary Clinton in Berlin 2006, der nur der Bewerbung ihrer Biographie in Deutschland diente und keine öffentlichen Termine vorsah, konnte ich zum Interview noch völlig unbehelligt das Hotel Adlon betreten, beim Hinausgehen aber hatte sich schon, durch welche Flüsterpropaganda auch immer, eine viele Hunderte Menschen starke Menge versammelt, viele alte Berliner, Rentner in cremefarbenen Windjacken, die nichts riefen oder forderten, sondern bloß dastanden und auf deutliche, aber schwer fassbare Art etwas erwarteten: Dass Hillary Clinton kandidiert, dass es besser wird. Berlin, das sein Überleben in Freiheit allein den USA verdankt, hat eine besondere Antenne für amerikanische Fragen. In den Blicken dieser Rentner lag etwas davon: Erwartung, Frage und vor allem Hoffnung.

Dies entgegenzunehmen und möglichst gut zu verarbeiten setzt, nicht anders als das Ballett, die Chirurgie oder die Raumfahrt, eine bestimmte Konstitution voraus, die nicht jeder mitbringt. Es muss aber gemacht werden.

Politische Veranstaltungen rahmen die Zeit auch dort ein, wo sonst nie einer hinkommt. Doch die berühmte Lobrede auf die Ursprünglichkeit der derben Bierzelt- und Dorffestpolitik verkennt, dass auch dort die Zeit voranschreitet, die Menschen eher mehr als weniger Bescheid wissen und ihr Leben stärker verändern, als man auf den ersten Blick erkennt. Irgendjemandem wird einfallen, wie man solche Veranstaltungen moderner ablaufen lassen kann – eher mit weniger als mehr Technik übrigens –, und daraus wird ein starker Sog entstehen!

Ein Politiker mit O

Der wichtigste Politiker meiner Saarbrücker Zeit, zwischen den frühen 80er und den späten 90er Jahren, war Oskar Lafontaine. Ich habe einen inneren Starschnitt von ihm, kenne ihn überlebensgroß und heute, ganz klein, von ferne.

Noch heute kann ich es kaum fassen, dass er wie der Duracell-Hase einfach weitermacht.

Beginnen wir am Anfang: Das erste Mal haben wir ihn im Saarbrücker Rathaus aufgesucht, eine Gruppe um die Schülerzeitung oder so, und wir wollten eine Friedensinitiative gründen. Heute erscheint das kitschig oder hysterisch, man darf aber nicht vergessen, dass der extralange Wehr- oder Zivildienst, vierundzwanzig Monate, wenn man Pech hatte, die erste und oft leider auch die einzige sichere Perspektive nach dem Abitur darstellte. Wer studieren wollte, konnte sich gleich arbeitslos melden, und als ich angab, nicht Ingenieurwissenschaften, sondern Philosophie studieren zu wollen, war das Gelächter groß. Friedens- und Rüstungsfragen betrafen, so seltsam sich das heute anhören mag, unmittelbar den Alltag nach dem Abitur. Ein begabter Kollege musste vor dem Studium wertvolle Jahre damit verbringen, Stuben anzupinseln oder Panzer abzuwaschen, ein anderer fuhr Essen aus. Wenige Jahre später machte Gorbatschow Schluss mit dem Spuk, aber im Westen nahmen viele die drohende Konfrontation ja immer noch ernst.

Oskar hatte also im Rathaus eine Rede zu den ganz großen Themen abgelassen, es ging um den Unsinn immer weiterer Aufrüstung und die allzu geringe Reaktionszeit bei Fehlalarmen, und wir waren begeistert, auch weil er über den engen Horizont der Regionalpolitik hinauszublicken schien. Nach der Veranstaltung sprachen wir mit ihm. Es ging um die Sorge, dass unsere sehr ängstliche Schulleitung so eine Initiative keineswegs dulden würde. Er kam mit einem typischen Oskar-Gedanken: Da sich die Schule nach Otto Hahn benannt hatte, solle man mit dessen Engagement gegen die Atombombe argumentieren und die entsprechenden Zitate verwenden. Klassische Volte. Später hat er viele Aktionen gegen Kürzungspläne der Union mit der katholischen Soziallehre begründet oder auf den verstorbenen saarländischen CDU-Ministerpräsidenten, sein Vorvorgänger, anspielend erklärt: Unter dem alten Röder hätte es das nicht gegeben!

Oskar hat einen konservativen Kern. Seine Weltsicht ist relativ übersichtlich. Von linken Ideen wie der Teamarbeit, der Genossenschaft oder asketischen Engagements hält er nichts. Einer sagt, wo es langgeht, und drei Mal darf man raten, wer. Die Ironie dabei ist, dass er durchaus über lange Jahre mit Leuten zusammengearbeitet hat oder sich um seine alte Mutter kümmert, aber in seiner öffentlichen Darstellung hat er diese demütige Rolle nicht. Schwäche, Krankheit, Armut sind seine Gegner, er erträgt sie nicht in seiner Nähe.

Auf irgendeine Weise nimmt er auch Informationen von seiner Umwelt auf, aber die müssen durch einen umständlichen Filter. Man weiß oft gar nicht, ob er zuhört oder nicht. Selten, dass er mal nachfragt. Ebenso seltsam verläuft die Kommunikation bei seinem Zwillingsbruder Hans, einem ansonsten sehr freundlichen Rechtsanwalt in Saarbrücken. Man sagt etwas, und erst nach einer ganzen Weile kommt eine Reaktion. Eine Leere scheint die beiden Brüder von uns anderen zu trennen.

Das hat Vorteile. Bei einer großen Ausstellungseröffnung gab es einen für Saarbrücker Verhältnisse erstaunlichen Kulturauflauf, jeder kannte jeden. Der damalige Kulturminister etwa kam nicht mal in die Nähe eines

Bildes, so viele Leute verwickelten ihn in ein Gespräch. Anders beim Ministerpräsidenten: Wie durch eine Vakuumhülle abgeschirmt ging er von Bild zu Bild, ohne dass ihn einer angesprochen hätte. Er kann sich in Themen und Stoffe versenken, es ist der direkte Kontakt zu Menschen, der ihm schwerfällt.

Viele ehemalige Mitarbeiter berichten von unerklärlichen Diskrepanzen zwischen einem reibungslosen bis vertrauensvollen Arbeitsverhältnis und plötzlichen Kontaktabbrüchen oder Versetzungen. Ein enger Kreis von wenigen Leuten blieb ihm freilich über lange Jahre verbunden, und sein Aufstieg trug sie mit nach oben.

Die Phasen wechselten, es gab die Euphorie, wenn der Marsch an die Spitze der SPD und damit der wichtigsten politischen Kraft im Lande unverstellt und aussichtsreich schien, und die Depression, wenn er wieder mal zögerte oder in einen Skandal verwickelt war.

Die Aura der Macht, die von ihm ausging, war unvergleichlich und auch etwas unheimlich. Nicht nur seine Mitarbeiter oder Mitglieder im saarländischen Kabinett wären bereit gewesen, ihn mit Händen und Füßen zu verteidigen, auch Professoren, die politisch ganz anders ausgerichtet waren, zitterten, wenn sie seinen Besuch an einem Tag der offenen Tür erwarteten.

Dabei verliefen viele direkte Begegnungen enttäuschend. Man saß am Tisch und aß, aber es war nur für Fotografen, nicht mal ein normaler Smalltalk kam zustande. Er synthetisierte zwar Informationen, aber von einem anderen Ort aus, er selbst schien wie abwesend und immer in einer entlegenen Sphäre zu schweben. Besuche und Treffen blieben seltsam folgenlos, nicht in der Sache – da hatte er alles im Blick, aber man kam nie an ihn ran. Phasenweise fiel es ihm schwer, den Blick von attraktiven Frauen zu wenden, und in einer ihn ohnehin und schon so lange vergötternden Umgebung gab er sich gar keine Mühe, sein Verhalten irgendwie anzupassen. Wer hätte ihm denn was sagen sollen?

Legendär wurden seine Allüren, das Kabinett sich erst versammeln zu lassen, dann per Telefonlautsprecher, der im Sitzungssaal mitten auf dem Tisch stand, nachzufragen, ob auch alle da seien, und sich dann erst zu Hause ins Auto zu setzen, um in die Staatskanzlei zu fahren. Trotzdem gelang es ihm, das Land aufzuwecken und besonders in der Schulpolitik und der Universitätsentwicklung nach vorne zu bringen. Es kamen Leute ins Land: Schauspieler, Politiker, auf einmal lag es weniger am Rande. Gut, man fragte sich, ob das noch ganz gesund sei, wenn sich ein Minsterpräsident des Saarlandes, wie es kolportiert wurde, weigerte, mit dem französischen Kulturminister Jack Lang zu reden, weil er sich protokollarisch nur auf einer Stufe mit Mitterrand sah, aber es war doch auch Leben in der Bude. Die Teilentschuldung war dann ein Erfolg, den auch die Union anerkennen musste.

Oskar hatte ein Gespür für Geschichte, das ihn auch heute als Chef der sogenannten Linken noch leitet: An der Saar kam es zum einzigen funktionierenden Linksbündnis von Sozialdemokraten und Kommunisten gegen Hitler, in dieser Tradition sah er auch immer seine Kontakte zu Honecker oder in die Partnerregion Georgien.

Leider konnte man bei all diesen Talenten an ihm ein Manko studieren, das viele Saarländer plagt. Ein saarländischer Psychologe hat einmal die These formuliert, dass hier der soziale Aufstieg nur bis zu einem gewissen Grad auch sozial vollzogen wird, dass also der Handwerksmeister lieber weiter mit seinen Kollegen und Kumpels in der Hütte oder der Grube arbeitet, als sich selbständig zu machen. Der Schritt aus dem Saarland heraus wird aus vielen Gründen, einer Mischung aus Nostalgie und einem

Minderwertigkeitskomplex, gescheut. Hier ist man eben wer und nimmt dafür gern in Kauf, die letzte Aufstiegstufe nicht zu erklimmen.

Das habe ich auch bei vielen Kollegen an der Universität beobachten können: Nach dem Krieg gegründet, ermöglichte es diese Universität vielen Saarländern, eine Hochschule zu besuchen, ohne wegziehen zu müssen. Die meisten Absolventen waren in ihrer Familie die Ersten, die einen Hochschulabschluss machten oder gar promovierten. Dann aber wird es im Land eng, viele Jobs und Karrieren erfordern es ja, dass man reist und Kontakte außerhalb knüpft. Das aber vermied man.

Ich habe oft darüber nachgedacht, dass ein Außenstehender, der etwa durch Scheidt oder Dudweiler fährt und im Vorgarten jemanden beim Umgraben entdeckt, schwerlich auf den Gedanken kommen würde, es hier mit dem Verfasser komplizierter theroretischer Überlegungen zur Kriminologie oder einem mit allen Wassern der Avantgarde gewaschenen Historiker zu tun zu haben.

So war Oskars Flucht zum Teil das Resultat der Intrigen der Schröderleute, zum anderen Teil aber schlicht auch dem neuen Umfeld geschuldet: Zum ersten Mal in seiner ganzen Laufbahn hatte er sein Büro außerhalb Saarbrückens, und zwar zum Teil in Bonn, zum anderen Teil aber im noch weiter entfernten Berlin. Das war kein Setting für ihn. Schon der Bundestagswahlkampf 1990 hatte daran gekrankt, dass er, zumal nach dem Messerattentat, keine Lust hatte, woanders zu übernachten als im eigenen Bett. Und das, obwohl man sich bemüht hatte, für Touren außerhalb der zivilisierten deutschen Regionen einen Wein-Nachsendeservice zu organisieren.

Außerhalb des Saarlandes operierte er nur mit halber Kraft, wie Superman in der Nähe von Kryptonit. Er kann seine Gesprächspartner nicht richtig einschätzen, es scheint ihm schwerzufallen, ihnen zu vertrauen. Darum kommen auch Kritik und Ratschläge kaum bei ihm an, was der deutschen Öffentlichkeit die erstaunlichsten Skandale und Eskapaden beschert hat. Bezeichnend ist sein völliger Mangel an Selbstkritik.

In der Tat haben ihm, wie der Ifo-Chef Hans Werner Sinn, auch politisch ganz anders gepolte Experten attestiert, bei der Frage der Währungsumstellung im Zuge der Wiedervereinigung recht gehabt zu haben.

Überhaupt haben die seltsamen Erwerbskarrieren der Proponenten des dritten Weges nicht nur seine eigene Geldgier im Dienste von Springer vergessen machen, sie geben auch im Nachhinein seinen Vorwürfen zu großer Unternehmernähe eine gewisse Substanz. Es fehlte eine gewisse kommunikative Kompetenz, die die Sorgen des Gegenübers wahrnimmt und das eigene Verhalten entsprechend anpasst.

Im späten Wahlkampfsommer 1998, als der Sieg von Schröder mit Händen zu greifen war, arbeitete ich von ferne an einem Dokumentarfilm über Gerhard Schröder mit, was mir bei zwei oder drei Terminen die Gelegenheit gab, Schröder und Lafontaine gemeinsam zu beobachten. Es war ein bestürzendes Schauspiel: Bei jeder Äußerung Schröders wachte Oskar, mit Papieren auf den Knien, über den Gehalt der Aussage des Kandidaten. Es war klar, dass er ihn als den Frontmann einer Band sah, für die er die Musik komponiert hatte und alle Instrumente spielte, einen Sunnyboy hinter dem Mikrophon für die kleinen Mädchen zum Anhimmeln, den man aber austauschen konnte, wie es der zweite bekannte Saarländer Frank Farian mit den Leadsängern von Boney M zu tun pflegte.

Diese Rollenverteilung und ihr zu erwartendes Ende sah ich deutlich, weigerte mich aber, dieser Sekundenwahrnehmung Glauben zu schenken. Es werde, nahm ich

optimistisch an, bestimmt bis ins Letzte besprochen sein,
wie die beiden zueinander stehen. Schließlich unternimmt
man nicht einmal eine Interrailreise unter Freunden, ohne
sich mit den anderen ausführlich über die gegenseitigen
Erwartungen zu verständigen. Ich konnte nicht glauben,
was ich sah – und was hätte ich auch tun sollen?

Der Riss, der die deutsche Linke bis heute beschäftigt,
zeichnete sich damals ab auf jenem Blatt Papier, das höchstens zwischen die beiden passen sollte.

Der entstand dann wegen einer Nervensache: Mit dem
gezielten Bericht aus einer Kabinettssitzung wurde Lafontaines Rücktritt ebenso provoziert wie der von Kurt Beck.
Sozialdemokraten, denen die Idee der Geschlossenheit
schon seit den klandestinen Zeiten in Kaiserreich, NS-Zeit
und Exil heilig ist, reagieren empfindlich auf solch einen
Verrat. Das kann man sich auch zunutze machen.

Eines schwülen Tages, viele Jahre später, nahm ich am
Alexanderplatz Plakate der Linken aus dem Augenwinkel
heraus zur Kenntnis. Nichts Besonderes, schließlich wurde
hier und in den angrenzenden Berliner Bezirken der deutsche Kommunismus und dann seine leicht reformistische
Variante erfunden, es war ihr Wohnzimmer. Doch dann
fiel mir direkt daneben ein fetter BMW auf, das passte
so überhaupt nicht, und bevor ich noch etwas wirklich
überlegt hatte, bildete sich schon der Schriftzug Oskar vor
meinem inneren Auge. Diese Mischung aus Marktplatz
und Bonzenschleuder realisiert eben nur einer. Tatsächlich
kündigten einige Plakate seinen Auftritt an, ich hatte mich
also nicht geirrt. Aber andererseits: An diesem hyperurba-
nen, ja fast schon weltraumbahnhofartigen Platz so weit
von dehemm entfernt, konnte ich ihn mir nun überhaupt
nicht vorstellen, ich sah ihn hier nicht. Ich habe Dutzende
von Oskarreden und jede Menge informeller Auftritte erlebt, aber dies hier – Jubelrentner der alten SED lungerten

herum sowie einige unberechenbare Punks und eine un-
übersehbare Menschenmenge, die nicht so handzahm zu
sein versprach wie de Leud zu Hause –, das war nicht sein
Terrain. Allein von den Größenverhältnissen her würde
jeder Redner am Alex untergehen, so nicht gerade eine
Massendemo gegen die Amerikaner stattfindet. Das war
nicht sein Terrain, und es war auch nicht sein Wetter. Wolken sammelten sich, es drohte ziemlich ungemütlich zu
werden. Und nass auf einem leeren Platz herumzukräch-
zen, na danke. Einige Sicherheitsleute seiner Fraktion
unterhielten sich mit Zivilpolizisten, die sie beruhigten:
keine Ausschreitungen zu erwarten, das sei hier ein sym-
pathisierendes Publikum. In meiner Phantasie sah ich ihn
aus einem Fenster herausschauen, an den Alex denken, das
Wetter prüfen und kommentarlos erklären, do gehn isch
ned hin. Kaum hatte ich dieses Bild vor Augen, sah ich
schon einige Techniker die Tonanlage wieder abbauen und
die Helfer die Plakate einrollen. Was ist, fragte ich. Nix, sei
abgesagt. Defekte Tonanlage. Was man dann eben so sagt.
Der ganze Oskar passt in ein kleines Wort: beinahe.

Die Inhalte

Es gibt gewisse Sätze, die in der Politik immer Anklang
finden, einer davon ist: Reden wir endlich einmal über die
Inhalte. Es ist das Äquivalent zu »Iss auch das Gemüse«, »Lies
nicht nur Comics« und »Bei dem schönen Wetter schaust
du Fernsehen?«, also ein sogenannter vernünftiger Satz, der
zugleich den schönen Spaß an der Sache – das Herziehen
über Personen, das Ausdenken taktischer Fiesheiten und
die Ausarbeitung gemeiner Manöver – beendet.

   Die großen Inhalte der Politik wechselten: Erst ging es
etwa den Sozialdemokraten um die Befreiung ihrer selbst,

dann um die Rettung der Welt vor Atomtod, die Beendigung des Wettrüstens und das Verhindern eines Dritten
Weltkriegs, zuletzt um die Frage, ob Dachdecker mit 65
oder 67 in Rente gehen sollen.

Inhalte können letztlich alles sein. Unvergessen ist mir
die Fernsehserie von Elke Heidenreich, in der die politische Karriere eines Mannes dargestellt wird, die von seiner
Idee ausging, in den Herbstferien die leerstehenden Schul-
gebäude dazu zu nutzen, Pilzberatungsstellen für Wanderer
einzurichten. So wird man Minister.

Lange hätten Politiker gar nicht gewusst, was sie mit
dem Begriff des Inhalts eigentlich anfangen sollen. Arbei-
terführer wollten sich und ihre Leute befreien, die Gegenseite wollte den Ruhm des Vaterlands mehren. Der Inhalt
ergab sich aus der Person des ihn vertretenden Abgeord-
neten, man sah es ihm von weitem an: Es ging, im frühen
Parlamentarismus, regelmäßig um Leben und Tod.

Das war noch lange so. Eben erst ist sie abgetreten, die
Generation von Politikern, die ihr Geschäft noch mit dem
Revolver im Hosenbund verrichteten. Walter Leisler Kiep,
Holger Börner und in Frankreich François Mitterrand waren zumindest phasenweise im Dienst bewaffnet. Vor allem
in der Lokalpolitik großer Städte war es unumgänglich,
mindestens über Mittelsmänner Kontakt zum organisier-
ten Verbrechen zu halten. Der Umgang mit großen Sum-
men undeklarierten Bargelds war und ist jedenfalls beiden
Berufsgruppen eigen, ob er nun in leeren Pamperskartons
wie bei den griechischen Sozialisten, in Aktenkoffern,
Plastiktüten oder gleich aus dem Kofferraum eines Autos
verteilt wurde wie durch den Elf-Aquitaine-Mann André
Guelfi, genannt Dédé, die Sardine. Handgemachte, ana-
loge Politik, die auf ihr brutales Minimum, die Schaffung
und Erhaltung von Loyalität, reduziert und vollauf damit
beschäftigt ist, die zu ihrem Erhalt vorgenommenen Gau-

nereien wieder zu vertuschen. Nur ein armer Irrer würde annehmen, dass solche Praktiken heute überwunden sind, in Pakistan und Afghanistan stellt der Westen Gelder zur Verfügung, um solche Prozesse, gewissermaßen die Urform des Politischen, zu initiieren: Besser schmieren als ballern. Solche Austauschbeziehungen bilden das Skelett des politischen Körpers, sie sind nicht elegant, nicht Sinn der Sache, aber man wird nie ohne solche Praktiken auskommen.

Sie blühen vor allem dort, wo Politik und Energie aufeinandertreffen. Hier endet die Autonomie der gesellschaftlichen Subsysteme: Ohne Öl und Gas funktionieren weder Militär noch Industrie, umgekehrt ist deren Förderung von vielfältigen diplomatischen und militärischen Absicherungen, Pipelineverträgen beispielsweise, abhängig. Nur so erklärt sich ja, weshalb ein despotisches, antisemitisches und die Menschenrechte missachtendes Regime wie das Saudi-Arabiens seit Jahrzehnten als unser Verbündeter gilt und die Regierenden sowohl in Moskau als auch in Washington nie besonders weit von den großen Energiefirmen zu finden sind. Das sind eben die berühmten strategischen Notwendigkeiten, die wohl auch verhindert haben, dass eine effektive alternative Energiepolitik verfolgt wurde.

An der Benutzeroberfläche ist von solchen fossilen Untiefen nichts zu spüren. Die politischen Agenten verfügen über Apparate, die sich um jene drei Elemente kümmern, ohne die man nicht gewinnen kann: Money, Polls, Messages. Finanzen, Umfragen und die Werbebotschaft. Wenn man auf allen drei Feldern einigermaßen geschickt ist und die Aussagen allgemein-menschlich auf die Sorgen jener abgestimmt sind, die überhaupt zur Wahl gehen, kann man sich kurzfristig zumindest auch im Leerlauf behaupten oder Kandidaten fördern, die eigentlich einen viel zu hohen Peinlichkeitsfaktor aufweisen. Nun ist die Kritik am modernen Politikbetrieb beinahe ebenso alt wie dieser selbst, und auch zu Zeiten, da Plakate und Filme rührend ungelenk daherkamen, wurde schon vor einer Amerikanisierung der Wahlkämpfe gewarnt. Das Dilemma gehört zum Wesen der Sache: Der Impuls, sich politisch zu betätigen, geht dem Thema, der Sache, für die man sich einsetzt, voraus. Man müht sich, rennt kreuz und quer durch die Gremien, kennt und gibt keine Ruhe, bis man vor gefülltem Saal steht, die Diode am Mikro leuchtet grün, es wird leiser. Jetzt muss man halt was zu sagen haben.

Lange kündeten Politiker auf solchen Versammlungen von ihren eigenen Nöten, die denen, die zuhörten, nicht unbekannt waren, es ging ihnen an die Gurgel, und sie brüllten – so begann Politik. Heute ist es die Regel, dass Leute für andere, für »die Menschen« nämlich, in die Politik gehen, eine Art karitative Motivation, die mir suspekt ist, weil sie gerne auf Allgemeinplätzen beruht und wenig Präzision erfordert. Ist der Inhalt die Bildungskrise, reden keine Analphabeten, geht es um Kinderarmut, sprechen keine Eltern mit solchen Sorgen, und zur Lage unserer Jugend – seit Sokrates' Zeiten stets besorgniserregend – kommen nie Jugendliche zu Wort. Und all die Reden über die Dritte Welt, die wir im Leben hören mussten, wie viele davon wurden von Afrikanern, Bangladeschis oder Kolumbianern gehalten?

Das bringt Probleme: Auf dem Höhepunkt der Agendabegeisterung und noch lange vor dem Bekanntwerden der VW-Affäre besuchte ich eine sogenannte Open-Space-Konferenz in Wolfsburg. Es war ein Samstag, und es traf sich der zivile Arm der Agendabewegung, die »Profis der Nation«. Da kein Werktag war, waren sie als Freizeitprofis unterwegs.

Es ging um Arbeit, die Zukunft der Arbeit, die Schönheit und die wohltuenden Effekte der Arbeit, es war ein Gottesdienst. Professor Hartz war, um die Arbeit zu preisen, noch in Südafrika gewesen, aber bereits auf dem Rückweg und sollte direkt vom Rollfeld zu uns kommen, um die Stimmung weiter anzuheizen.

Inzwischen bildeten sich Gruppen. Es ging immer mehr oder weniger um dieselbe Beobachtung, nämlich dass Jugendliche nicht den angemessenen Fleiß an den Tag legen und zum Vorstellungsgespräch ungewaschen erscheinen, wenn überhaupt. Die arbeitslosen Jugendlichen von Wolfsburg waren aber gar nicht anwesend oder wenigstens vertreten. Je länger die Sache ging und je mehr sich die Profis warmredeten, ihr Profitum sichtlich genießend, desto deutlicher verschob sich der Fokus der Debatten von der Bekämpfung der Arbeitslosigkeit zur Erziehung der Arbeitslosen. Man müsse ihnen das frühe Aufstehen, pünktliche Erscheinen und saubere Auftreten beibringen, so die einhellige Meinung. Einer der Vorschläge bestand darin, dass arbeitslose Jugendliche, womöglich noch solche mit krimineller Vorgeschichte, sich zu technisch desorientierten Rentnern gesellen sollten, um in deren Wohnung Beihilfe zur korrekten Benutzung eines Mobiltelefons und anderer technischer Gimmicks zu leisten. Eine loriothafte Szene: niedersächsische Senioren auf dem Sofa neben durchtrainierten Jugendlichen mit Glatze und Goatee, beide einträchtig auf das Display eines Nokiahandys starrend, wartend, bis der Download von *O Du schöner Westerwald* als Klingelton abgeschlossen ist.

Der Vorschlag eines Kunstlehrers, die Jugendlichen dieser Autoregion mit Metall arbeiten zu lassen und ihnen künstlerischen Ausdruck nahezubringen, wurde nicht weiter kommentiert, sein Workshop blieb leer. Die spezifischen Interessen und Fähigkeiten von Jugendlichen auf den Gebieten Sport, Tanz, Fernsehen, Computerspiele, Make-up und Mode zu ermitteln und zu fördern wurde gar nicht erst vorgeschlagen, obwohl dies vielversprechendere Wachstumsfelder sein dürften als die biederen handwerkliche Ideale, die die übrigen Profis heimsuchten. Hätte jemand vorgeschlagen, alle Wolfsburger Youngster morgen zu Sonnenaufgang dreißig Kilometer zu einem alten Meister wandern zu lassen, der sie das ehrbare Handwerk des Sattlermeisters lehren solle, der wäre augenblicklich zum König aller Profis der Nation ausgerufen worden.

Mit der VW-Affäre, Schröders Abwahl und seinem Wechsel zu Gazprom verlor die Kampagne an Relevanz, allerdings sank die Zahl der registrierten Arbeitslosen auch merklich, ohne dass sich freilich die zugrunde liegenden Megatrends abgeschwächt hätten. Immer noch ersetzte eine wachsende Produktivität menschliche Arbeitskraft gerade in Industrie und Dienstleistungen, doch das Thema, der Inhalt Massenarbeitslosigkeit, war weggeschmolzen und mit ihm auch alle weiterführenden Überlegungen zur Zukunft der Arbeit und zur postindustriellen Bürgergesellschaft.

Die gute Idee, Sozialleistungen, Zuschüsse zu geringen Löhnen und Negativsteuern zu einem Bürgergeld zusammenzufassen, um die Kreativität und Autonomie der Bürger zu stärken, kam dann auch folgerichtig nicht mehr von den Sozialdemokraten oder Grünen, sondern vom thüringischen CDU-Ministerpräsidenten Dieter Althaus.

Freizeit ist ein für Sozialdemokraten zutiefst suspektes Konzept. Der Adel der Person erfolgt über die industrielle Lohnarbeit, dann durch möglichst klassische Bildung oder Sport und sonst nichts. Das ist ein in einer postmodernen und zunehmend desindustrialiserten Gesellschaft heikler Standpunkt. Genauso verhält es sich mit der Nähe zu den Erzeugern fossiler Brennstoffe. Ohne Kohlebergbau, Eisenerzeugung und Eisenbahn keine deutsche Arbeiterbewegung, der letzte sozialdemokratische Kanzler bezeichnete sich als Automann – der die Entwicklung von Hybridfahrzeugen leider nicht zur Chefsache machte, sondern die Piëchs und Wiedekings und Schrempps einfach machen ließ. Bald war Toyota die Nummer eins. Dass er seine Karriere bei einem Gasunternehmen beendet, reicht ihm zur Karikatur seiner selbst. Besonders erhebend ist es nicht, zu sehen, wie sich die führenden Proponenten des dritten Weges, Blair, Schröder und Clinton, nach Beendigung ihrer Amtszeit dranmachten, möglichst schnell die Millionen zu scheffeln wie ein bulimisches Eichhörnchen das Popcorn auf dem Parkplatz eines Autokinos.

Sie sind so die Nutznießer einer Privatisierungspolitik, gegen die ideologisch kein Kraut gewachsen scheint: Seit Reagan in den 80er Jahren den Kampf gegen die Welfare Queens im Cadillac angetreten hatte, war der öffentliche Sektor zunehmend in der Defensive, gerade auch wenn Mitte-Links-Regierungen an die Macht kamen. Fernsehsender, Wasserwerke, Stromversorger, Banken, der öffentliche Nahverkehr, alles wurde in irgendwelche privaten Hände gegeben – allerdings nicht die gewissenhafter Familienunternehmen, sondern jene zunehmend amorpher Eigentümergemeinschaften, deren Gewinnstreben gar nicht mehr zu kontrollieren und durch Wahlen nicht mehr zu beeinflussen war.

Gerade das private Fernsehen ist ein gutes Beispiel für die Probleme, die sich ergeben können, wenn die öffentliche Kontrolle sich ganz zurückzieht: Außer dem amerikanischen HBO fiele mir kein Sender ein, dessen Programme mit dem der öffentlichen auch nur mithalten könnte. Das Interesse, 15 % und dann noch mehr Geld zu erwirtschaften, dominiert schließlich alles, besonders wenn die Zeiten schlechter werden. Genau dies zeigt auch das Programm: Die Vielfalt der Kanäle bildet keine inhaltliche Pluralität der Weltsichten und Standpunkte ab, sondern zeigt uns eine Weite, in der alle Programme verslummen. Nur noch mit krassen und höchst verdächtigen Gewinnspielen, die den Anrufern das Geld direkt aus der Tasche ziehen, kann noch etwas Leben und Quote in diese Wüstenkäffer von einem Fernsehprogramm gejazzt werden.

So trostlos sieht eine Welt aus, in der es nur noch um Kohle geht. Man kennt diese Beklemmung aus den Wohnungen von Süchtigen oder Verrückten, in denen jede Lebensäußerung einer einzigen Sucht untergeordnet war: Die Topfpflanzen gehen als Erste ein.

Wie viele Landsleute bin ich mit dem Telefon der Post aufgewachsen, die dann zur weltberühmten Telekom wurde. Das Geld dazu kam unter anderem von den horrenden Gebühren, die damals für Ferngespräche zu zahlen waren, welche heute nahezu umsonst sind. Die Telekom wurde, ich will mich darüber gar nicht weiter verbreiten, arrogant, irgendwann wurde es auch bei mir Zeit für den Wechsel zu einem privaten Anbieter, mit dem es bald Probleme gab. Dafür gab es ein Call-Center. Doch nach Dutzenden Gesprächen für meinen nicht besonders komplizierten Fall wurde mir ein Grundfehler der Sache bewusst: Den Mitarbeitern des angemieteten Call-Centers war es völlig egal, ob ich telefonieren kann oder nicht. Morgen würden sie für Iglo antworten. Es fehlt einfach das gemeinsame Dritte, das Gebiet also, auf dem sich das Interesse des Kunden und des Agenten treffen: Das muss nicht einfach Geld sein, es mag ausreichen, wenn dem Mitarbeiter etwas daran liegt, wie die Firma, die ihn bezahlt, angesehen wird, oder wenn er sich für die ganze Sache interessiert. Die AOL-Technikhotline, lange Zeit vom Saarland aus operierend, war stets vorbildlich, weil dort eben Nerds beschäftigt waren, die an der Beseitigung kleiner technischer Tücken einfach großen Spaß hatten.

Daher ist die Antwort der Linkspartei, den Armen einen Tausch, Geld für Wahlstimmen, vorzuschlagen, eine phantasielose Reduktion der Verhältnisse. Nie werde ich die aufrichtige Empörung meiner politisch in die linke Mitte tendierenden Großmutter vergessen, die auf der Straße mitgehört hatte, wie sich zwei Hausfrauen über eine bevorstehende Wahl unterhielten und erklärten, für den Kandidaten zu stimmen, der versprach, den SMIG, den gesetzlich garantierten Mindestlohn, zu erhöhen. Meine Oma hielt das für eine Selbsterniedrigung, gerade die Armen sollten ihre Stimme nicht verkaufen, sondern eine höhere Warte einnehmen und im Gegensatz zu den Reichen an etwas anderes denken als ihr Geld, nämlich an den Zusammenhalt des Landes, ein besseres Bildungssystem und Fortschrittsmöglichkeiten für die kommenden Generationen. Dass die Linke eine moralisch höhere, weil materiell desinteressierte Position einnehmen sollte, war im Denken meiner Großeltern tief verankert. Nur gegen Ende seines Lebens wich mein Großvater einmal davon ab, im dramatischen zweiten Wahlgang 2002, als die Sozialisten unter Lionel Jospin dem Kandidaten der extremen Rechten unterlagen und daraufhin alle Fürsprecher der Linken dazu aufgerufen hatten, für Chirac zu stimmen. Mein Großvater brachte es nicht übers Herz, für Chirac zu stimmen. Die Rechte hätte Le Pen zu kontrollieren gehabt, er sei ihr Problem, es könne nicht Aufgabe der Linken sein, immer dann einzuspringen, wenn die Rechten mal wieder die Republik an die Wand fahren.

Dieses Weltbild ist historisch geworden. Was daran immer noch aktuell sein könnte, ist die Suche nach einer anderen Gemeinsamkeit als dem Wunsch, mehr Geld zu haben. Jede kurzfristige Erhöhung des verfügbaren Geldes führt zwar zu einer Verbesserung der Laune und mit etwas Glück auch zu einer höheren Loyalität und Engagement,

aber dieses Gefühl währt nur kurz. Andere Faktoren be-
wirken denselben Effekt, und das langfristiger.

Nichts gegen Geld, aber in so ziemlich allen lebens-
wichtigen Bereichen – Gesundheit, Recht, Kunst, Bildung
und Liebe – hofft man, dass die Rolle des Geldes möglichst
gering sein möge.

Und auch im Alltag ist es ganz schön, nicht immer die
wie gut auch immer gefüllte Brieftasche zücken zu müssen, wenn der öffentliche Nahverkehr schnell und zuverlässig funktioniert, öffentliche Bibliotheken die neusten
Bestseller und Klassiker bereithalten, Stadtteilfeste, Parks
und Sportanlagen einladend genug sind.

Das Internet, heute der entscheidende Motor unserer
Welt, dieser Nährboden aller Unternehmerlegenden, Mut-
ter aller *start ups*, wäre ohne staatliche Hilfe, Kontrolle und
Initiative nie entstanden.

Es bringt auch etwas: Kein westlicher Reisender besucht
die Technologieparks in der Umgebung von Shanghai
ohne deutlichen Neid angesichts dieser Zahlen, dieser Dynamik und schierer Energie. Längst sind die Wohnsied-
lungen für die Ingenieursfamilien dort an Melrose Place
orientiert, alle großen Marken der westlichen Welt lassen
dort entwickeln, prüfen und forschen.

Der freundliche Mann vom Besucherzentrum hatte die
kurze Geschichte des großen Erfolgs derart parat, dass er
den entscheidenden Punkt beinahe wegnuschelte. Es begann, führte er leicht leiernd aus, »eben wie überall eigentlich – als 863«. Auch in seinen Antworten auf detaillierte
Fragen nach bestimmten Anlagen tauchte diese Formel
wiederholt auf. Hm. War das ein 863? Ich glaube, der
Technologiecampus war auch ein 863. Ja, in der Nachbar-
provinz, da gibt es leider nicht sehr viele 863 etc.

Nach allem möglichen Rätselraten traute sich jemand,
nach dem Sinn der drei Ziffern zu fragen. Es war ganz ein-

fach ein Datum: Im März 1986 hatten anerkannte chinesische Wissenschaftler, viele mit Auslandserfahrung, Deng einen Brief geschrieben und vor einer Zukunft gewarnt, in der der bisherige Mangel an Ambition einfach fortgesetzt würde. Sie riefen stattdessen zu einer gemeinsamen Anstrengung von Partei und Staat, Industrie und Wissenschaft auf, um das Land voranzubringen. Deng schuf Förderzonen, Hochschulen und Produktionsstätten wurden zusammengeführt, Arbeiter dorthin umgesiedelt, die Sache lief – wenn auch unter Umgehung sämtlicher für uns akzeptabler Standards in puncto Umwelt, Arbeitssicherheit oder schlicht wirtschaftlicher Selbstbestimmung.

Das wirtschaftlich erfolgreichste Land der Welt, mit traumhaften Gewinnspannen, dessen Wirtschaft den halben USA Geld leiht, ist der Alptraum aller neoliberalen Ideologen. Selbst in der Metropole Shanghai werden bald nach Mitternacht alle chicen Leuchtreklamen ausgeknipst, da sollen die Leute schlafen, außerdem spart es Strom. Ohne das knallharte Bildungssystem, die Sonderförderzonen und die staatliche Garantie für Produktionsziele, kurz, ohne die zentrale Aufsicht und Koordinierung durch die Partei wäre das chinesische Wunder gar nicht möglich. China ist stets zur Stelle, um amerikanische Schuldscheine zu kaufen, und avancierte schnell zum zweitwichtigsten Gläubiger der USA. Das chinesische Geld brauchte die Bush-Regierung, um das Vermögen der saudischen Königsfamilie noch ein wenig zu vergrößern, damit Öl in ineffizienten Maschinen, deren Technik aus dem vorvorherigen Jahrhundert stammt, verbrannt werden kann, so dass übergewichtige Westler im SUV zum Bäcker kommen.

Und die chinesischen Bürger selbst kümmern sich: Mit großer Sorgfalt angelt ein Rentner, traditionell im Pyjama, mittels eines Netzes an einem langen Bambusstab einzelne Blätter aus dem Kanal. Es ist nicht sein Kanal, er wird dafür nicht bezahlt, und doch sind seine Konzentration und Geschicklichkeit nicht zu übertreffen. Wem wäre damit gedient, wenn die Kanäle privatisiert wären und diese minimale Reinhalteaufgabe an eine private Firma übertragen würde, wenn also alle paar Tage mal ein Boot mit Leichtlohnangestellten heranknattern würde, die, gemütlich ihren Aufwand mit ihrem Lohn kalkulierend, die Siebe gerade so reinigen, dass kein großer Schaden entsteht und die Kunden sich nicht beschweren.

Für die wirtschaftliche Gesamtbilanz wäre die Privatfirma günstiger: Sie schafft Jobs, Geld wechselt den Besitzer, der Laden läuft. Doch im Hinblick auf die Glücksbilanz, wie es der ehemalige Labour-Berater und heutige Glücksforscher Richard Layard ausdrücken würde, wäre diese Entwicklung negativ, denn eine gepflegte Nachbarschaft zählt zu den zentralen Komponenten eines glücklichen Alltags. Solch eine Nachbarschaft ist in der Regel auch stabiler und sicherer. Die bundesdeutsche Zwischenlösung ist hier der öffentliche Dienst. Die Beschäftigten etwa der Berliner Verkehrs-Gesellschaft haben ordentliche Jobs und sind mit großem Schwung bei der ermüdenden und stinkenden Sache. Ein Wunder, dass sie nicht längst durch Phantasieuniformen tragende Zeitarbeitskräfte ersetzt wurden.

Natürlich kann auch in der Pflege der Nachbarschaft, der Instandhaltung des Wohnumfelds ein wichtiges Betätigungsfeld bestehen, das gewissenhaft versehen wird, aber die Ökonomisierung des Alltags ist nicht der einzige oder beste Weg, Lebensqualität zu sichern. Ist das Geld die einzige Motivation, wird Dienstleistung bald zu einer gruseligen Form von Russisch-Roulette, insbesondere in den Kernaufgaben der Staatsgewalt, bei der Herstellung von Sicherheit. Wer als Superreicher auf besonderen Schutz und damit private Sicherheitsfirmen angewiesen ist, kann nie sicher sein, ob seine Mitarbeiter nicht von anderer Seite noch mehr kassieren. »Die entscheidende Frage ist doch«, fasste ein bedrohter Multimillionär mir seine Lage mal in einem vertraulichen nächtlichen Gespräch zusammen, »ob er im Falle eines Falles dazu bereit wäre, an deiner Stelle eine Kugel abzufangen.«

Die fröhliche Privatisierung der Sicherheit, sogar des Krieges, von Wasser, Strom, Gesundheitsleistungen, Versicherungen werden schon bald als Irrwege einer finanzmarktfreundlichen Ideologie erkannt werden. In schweren Zeiten muss ohnehin der Steuerzahler einspringen, der diesen Unternehmen ja schon die Grundausstattung spendiert hat. Nichts gegen das große Geld und die wenigen, die es genießen können, aber die Stärke mitteleuropäischer Gesellschaften liegt gerade in der Mischung. Für Reiche ist es in Singapur, Russland und Malaysia ideal, und doch sind die staatlichen Ordnungen dort keine Vorbilder. Glaspaläste und Shopping Malls gibt es auf der ganzen Welt, bald vermutlich auch unter Wasser und auf dem Mond. Öffentliche Freibäder, Stadtteilfeste oder Fußgängerzonen, in denen sich Reiche und Arme, Helle und Dunkle, Christen und Muslime mit ihren Kindern vergnügen und drängeln, gibt es nur hier. Ich fand es immer erstaunlich, dass es in Algerien beispielsweise keine öffentlichen Schwimmbäder gibt oder dass man in den USA oder in Brasilien Mitglied in einem Club werden muss. Das ist eine teure und in vieler Hinsicht sozial sehr voraussetzungsreiche Angelegenheit, nur um mit den Kindern mal schwimmen zu gehen, es sei denn natürlich, jeder hat seinen eigenen Pool im Garten, was, für mich zumindest, wie eine Definition von struktureller Langeweile klingt.

Traditionelles Kennzeichen der deutschen Superreichen ist es, ein einigermaßen diskretes Leben zu führen, sich ohne große Eskorte durch die Gegend zu bewegen und bewacht, aber nicht abgeschirmt in eigenen Stadtvierteln wohnen zu können, und zwar weil Reichtum hier keine Seltenheit ist und daher nicht alle Aufmerksamkeit auf sich zieht.

Eine historische Errungenschaft der alten Bundesrepublik konnte ich immer nach Schulschluss genießen, damals, ich hatte noch keine Ahnung von Sozialgeschichte, schien sie das Normalste von der Welt: der Besuch bei Schulfreunden.

Grundschul- und Gymnasialklassen waren in jeder Hinsicht so gemischt, dass ich über die Jahre mit Klassenkameraden in die verschiedensten Wohnungen und Häuser zum Spielen ging. Ich war bei Exiliranern, Hotelbetreibern, Arbeitern, Alleinerziehenden und Großfamilien, Konservativen und Gewerkschaftlern, Berufssoldaten und Hippies, biederen Vorortfamilien wie aus der Werbung und Wohngemeinschaften zu Besuch. Auch politisch gab es das ganze Spektrum, aber der Empfang war, für den Freund der Kinder, überall gleich herzlich, normal und völlig entspannt. Die Bildungsromane der Zeit bis in die 30er Jahre sind ja noch voll von den Beschreibungen der großen Klassenschranken, so dass solche Besuche immer als anstrengende Veranstaltungen, bei denen das fremde Kind bald verwöhnt, bald mit Almosen bedacht wurde, um dann neiderfüllt oder beklommen nach Hause zu gehen. In der egalitären und offenen deutschen Gesellschaft zwischen der Mitte der 70er und dem Beginn der 80er Jahre kam so etwas nicht vor. Reiche spielten mit Armen, Linke mit Rechten, Protestanten mit Katholiken. Und zwar ohne es zu planen – die Idee, dass die Eltern sogenannte Playdates für die Kinderschar zu verabreden hätten, wäre einem wie aus den lustigen *Mad*-Heftchen entsprungen vorgekommen.

Alle Studien zeigen heute, dass die Mobilität abnimmt, dass sich besonders der Abstand zwischen der Mittelschicht und den Reichen, aber mehr noch der zwischen den Superreichen und den normal Reichen vergrößert, während eine wachsende Gruppe gar nicht mehr am Bildungsgeschehen teilnimmt.

Diese Entwicklung ist ein Rückschritt. Sie zerstört den vielleicht entscheidenden Vorteil der europäischen Art zu leben. Eine reiche Oberschicht, die unter sich bleibt und sich in Illustrierten und freundlichen Fernsehformaten zur Schau stellt, gibt es auf der ganzen Welt. Shanghaier Studenten oder malaysische Familienväter werden sich kaum für Deutschland, für Europa interessieren, dorthin reisen oder Produkte erwerben, weil man in Düsseldorf so viele reiche Leute sieht oder teure Autos auf den Straßen parken – da schlagen uns die Golfstaaten immer um Längen. Andere Dinge sind es, die dazu führen, dass europäische Lebensführung beachtet und imitiert wird. Jeder sieht etwas anderes, aber die Möglichkeit, ein selbstbestimmtes, von der Familie, der Religion und Gesellschaft nicht vorgegebenes Leben zu führen, in einer Gemeinschaft zu wohnen und zu arbeiten, in der *gated communities* und private Polizei unüblich sind, gemischte Schulen und Sporteinrichtungen besuchen zu können und zugleich einen unvergleichlichen Schutz der persönlichen Freiheit zu genießen, diese Art von Normalität ist der größte Vorteil, den Europa in den Augen der weltweit anwachsenden Mittelklasse bietet.

Der alte Spruch der Sozialhistoriker »The middle classes are always rising« stimmt auch heute, allerdings weltweit. Die Chancen stehen nicht schlecht, in Indien schon zum Frühstück auf die frühen Arbeiten Maurice Merleau-Pontys angesprochen zu werden, auf Feierabend-Saxophonspieler und Theateramateure zu treffen. Man trifft in Bangalore die Söhne schwerreicher Unternehmer, die pflichtbewusst in den väterlichen Betrieb eintreten, ohne ihre Hobbys aufgeben zu wollen und auch nicht mehr zu müssen: Architektur. Jazz. Tanz.

Selbst in einer mittleren deutschen, französischen oder englischen Stadt findet er zu solchen Interessen eine Szene, die denen der größten indischen Städte entspricht. Wird er nun seine Geschäftspartner dort suchen oder in einem autoritären Land, wo Vereine überwacht werden und Jazz gar ganz verboten ist?

Reiche Popmusiker kennt jedes Land, aber dass bis weit in die Familien hinein Musik gemacht wird und umgekehrt später die Möglichkeit besteht, das Hobby zum Beruf zu machen, ist nur unseren Breiten eigen.

Begleitung Willy Brandt

Vor dem historisierenden, unangenehm wilhelminischen Rathaus Saarbrückens parken keine Autos, es ist ein gepflasterter, öder Platz, auf dem Fahnenmasten stehen. Manchmal schaute ich auf dem Weg von der Schule zur Bushaltestelle neugierig zu den wenigen Wagen, die dort stehen durften. Mehrmals war es ein dunkler, nicht besonders flotter Mercedes, hinter dessen Windschutzscheibe ein Plastikschild mit Saugnäpfen angebracht war, darauf standen nur drei Worte: »Begleitung Willy Brandt«. Bei uns zu Hause war er ein Heiliger, aber dass sein Name ausreichte, die Verkehrsregeln zu ändern, hat mich dann doch verblüfft.

Nicht nur Personenschützer, auch Begriffe begleiteten Willy Brandt.

Nichts kommt von alleine, und nur wenig ist von Dauer – die von Hans Jochen Vogel vorgelesenen testamentarischen Worte Willy Brandts vergrößerten zunächst einmal die Melancholie in den Herzen aller Linken, heute aber kann man den Spruch gegen die neoliberale Ideologie der von Mindeststandards befreiten Märkte wenden: Solche Globalisierung kommt nicht von alleine – sondern nur, wenn der Westen nichts dagegensetzt. Die Vorhaltungen der Wirtschaftsführer an die übrige Zeit währten nur so lange, bis die großen Finanzhäuser bei den eben noch als überkommen verschmähten Regierungen anstanden, um Steuergelder geliehen zu bekommen, weil die hippen neuen Finanzinstrumente, mit denen man im großen Stil wertlose Häuser an Kunden ohne Einkünfte verkaufen konnte, ihnen entglitten sind wie Jugend-forscht-Teilnehmern der Prototyp einer Rakete.

An zwei weitere Begriffe denke ich besonders oft. Es sind keine flotten Begriffe, sie kommen mehrsilbig und ungelenk daher, in der heute verlorenen Tradition einer ambitionierten, aber im Gestus bescheidenen Sozialdemokratie. Keine Werbeagentur würde sich trauen, mit so etwas zum Kunden zu kommen, aber das ist mittlerweile ein unwahrscheinlicher Vorteil – nicht diese ermüdend augenzwinkernde, zustimmungsgeile Lautverpackung wie in »Gute Arbeit« und nicht dieser Soziologenslang wie in »Teilhabegesellschaft«.

Lebensqualität. Umweltschutz, nachhaltiges Wirtschaften, faire Arbeitsbedingungen, ambitionierte und weitherzige Bildungsangebote sind damit ebenso assoziiert wie sichere Straßen und Kriminalitätsbekämpfung. Man braucht gar keine *law-and-order*-Pose einzunehmen, die ja dann in Wahrheit nur selten in Verbrechensbekämpfung mündet, wenn man feststellt, dass eine Serie von Messerstechereien auf den Straßen wie in London, dass solche Sorgen also die Lebensqualität beeinträchtigen. Es ist ein positiver Begriff, der nicht allein den Zustand der Sozialversicherungen in den Blick linksliberaler Politik nimmt – was gemacht werden muss, was aber auch nicht alles ist. Die nun schon Jahrzehnte währende innenpolitische Oper über den Zustand der Renten kann nicht den ganzen Raum der politischen Debatten einnehmen, noch sind ja nicht alle Menschen in Deutschland verrentet.

Lebensqualität ist ein Begriff, mit dem man sich europaweit auch in der Konkurrenz zu anderen Systemen behaupten kann. Weil wir diese Qualität sichern wollen, belegen wir Produkte, die billig sind, weil sie Kinder, Strafgefangene oder Tiere ausbeuten, unter unfairen und ungesunden Arbeitsbedingungen entstanden sind oder die Natur zerstören, mit Zöllen. Hier gestaltet auch der Verbraucher die Welt – also nicht nur in der Wahlkabine alle vier Jahre, sondern bei der Auswahl von Sachen, die einen angemessenen Preis haben.

Gute Politik hat keine lange Leitung: Wenn das Land ambitioniert und gut regiert wird, spüren es die Bürger recht schnell und alltäglich in kleinen Dingen: Jemand hat sich schon ihre Gedanken gemacht. Das gilt aber auch umgekehrt bei kleinen Veränderungen beim Einkaufen, bei der Wahl des Stromanbieters.

Weltinnenpolitik, das ist der zweite Begriff, der uns mit Willy Brandt begleitet. Er klingt etwas skandinavisch-funktional, weniger hochfliegend als »Weltbürger«, dafür aber auch seriöser als »Mann von Welt«. Er hat etwas von den Filmen Dominik Grafs, eine kühle Sicht auf die wachsende Komplexität staatlichen Handelns, es schwingt auch ein leichtes Echo mit von dem Willy Brandt, der mir am liebsten ist, dem Vorsitzenden der Nord-Süd-Kommission, der von *Compassion* sprach, aber ohne den Kitsch, der sich der Sache der Dritten Welt und der sogenannten »Menschen in Afrika« bemächtigt hat wie Efeu eines Baumstamms. Der Kitsch hat viele gute Anliegen ruiniert. Viele Hilfsorganisationen durften offenbar nur billige Werbefirmen anheuern, das Resultat ist allgemeine Verdrossenheit mit der guten Sache.

Der Schutz der Natur und vor allem die Abkehr vom Öl wurden derart verkitscht, dass selbst Gutwillige nichts mehr davon wissen wollten, es scheint bei einer guten Sache keine Grenzen des Geschmacks zu geben. Es wird nicht einfach, das wieder cool erscheinen zu lassen. Andererseits hat sich die Zeitschrift *Wallpaper* seit Jahren darum bemüht, den skandinavischen Chic der Siebziger – dunkles Holz, Sichtbeton und dänisches Möbeldesign – wieder ganz nach vorne zu bringen. Es ist also nicht aussichtslos. Der beste Impuls liegt immer noch darin, dass man den gefühligen und verlogenen Quatsch der Konservativen nicht mehr erträgt, unter deren Regentschaft die Jahre sich blähen, aber substanzlos bleiben wie Watte: Journalisten und Beobachter mühen sich, die Politik konservativer Regierungen zu beschreiben, und ähneln dabei Waschbären, denen böse amerikanische Kids Zuckerwatte gegeben haben, die sich beim artspezifischen Eintauchen in Wasser eben auflöst. Da ist nichts: Sechzehn Jahre Helmut Kohl, vierzehn Jahre Jacques Chirac sind gekommen und gegangen wie ein Winternachmittag.

Aber irgendwann endet eben auch der längste Winterschlaf.

Noch ein Politiker mit O

Der Fernseher im französischen Ferienhaus führt ein rätselhaftes Eigenleben. Eigentlich duldet er nur das zweite staatliche französische Fernsehen, das jahrelang als Antenne 2 bekannt war und mit einem ausgemacht albernen Jingle warb, das hier sicher eine Million Mal unter dem genervten Aufstöhnen der Zuschauer im Wohnzimmer ertönte. Heute nennt sich der Sender France 2 und hält stur Kurs: Klassiker im Abendprogramm, danach Opern. Eine Livesendung wegen eines Amerikaners? Niemals. Ich bin also auf das ZDF angewiesen, das der Fernseher aber kaum durchlässt, obwohl es irgendwie im Kabelnetz angeboten wird. Der Ton kommt nur zeitverzögert an. Es ist eine Zumutung, aber ich habe keine Wahl: Barack Obama hält seine Berliner Rede in den Sommerferien, und man verlässt Lacanau nicht mehr so einfach, wenn man einmal da ist.

Ich sitze also auf dem traditionellen Chefkommentatorsessel meines Großvaters, von dem aus schon der Sturz Giscards, der Fall der Mauer, der Aufstieg Sarkozys und tausend Kabinettrevirements begutachtet wurden, und versuche, die Siegessäule zu erkennen. Die Rede geht ehrlich gesagt ein wenig unter im schlechten Ton und meiner eigenen Emotion. Ich folge ihr von ferne. Ich habe den Eindruck, es ist eine Flipperkugel, die alle wichtigen Punkte macht, ich höre nur das Klingeln und Klackern der Zähler.

Zu dem Zeitpunkt hatte ich beinahe zwei Jahre mit Daumendrücken verbracht. Seit der Hollywoodproduzent David Geffen in der *New York Times* erklärte, er wolle mit seinen Spenden von Hillary zu Obama wechseln, war mir klar gewesen, dass der eine reelle Chance hat. Das war im März 2007. Meine Begeisterung hat nicht mit der Fülle seines Programms zu tun, sondern mit der Kargheit der von ihm eingesetzten Mittel: Seine Karriere beruht auf einem Buch, seinen frühen Memoiren, und einer guten Rede. Bei der Eröffnung des Nominierungsparteitags der Demokraten hatte er seinen wichtigsten Satz gebracht, nach dem es kein rotes oder blaues Amerika gibt, sondern nur die »Vereinigten Staaten«. Das war nach all den Jahren der Spaltung des Landes gemäß der Wahltaktik eines Karl Rove genau das Richtige. Rove war ein Meister der schwarzen Soziologie, der alle Milieus des Landes einzuschätzen wusste und danach trachtete, Konfliktlinien zu vergrößern, um die strukturelle Dominanz seiner Partei sicherzustellen – spalten statt versöhnen.

Wenn man gegen den Irakkrieg ist, dann muss man eben auch dagegenstimmen – Obamas Stil ist eine Abkehr vom Prinzip der Entscheidung nach Testgruppen.

Etwas anderes kommt hinzu: Er wirkt, mit seiner Frau und den Kindern, erwachsen. Weder Bill Clinton, mit seiner regressiven Angst, irgendetwas vom guten Leben verpasst zu haben, noch George Bush mit seiner Abneigung gegen schwierige Wörter und zweite Gedanken, wirkten je so in sich ruhend und gelassen.

Dass Obama nicht immer in sich ruht und ihm etwa die Rolle als Vater alles andere als leichtfällt, das wissen wir nicht von irgendwelchen Illustrierten, sondern von ihm selbst. In seinen beiden Büchern hat er genau dargelegt und erörtert, mit welchen Problemen er zu kämpfen hat.

Ich musste in diesem Wohnzimmer, das der Schauplatz so vieler Diskussionen gewesen war, an seinen Vornamen denken. Er besteht aus einem Wort, dass auch in der Umgangssprache der Algerienfranzosen gebräuchlich ist und ab und zu auch hier gesagt wurde: *la baraka*. Weil es kein sehr gutes Französisch ist, wurde es schnell ausgesprochen, manchmal auch nur geflüstert, daher hat es in meinen Ohren immer einen fast intimen Klang. Es ist ein Frauenwort. Sie haben es auch aus Aberglauben so gezischt, wollten es nicht beschwören. Es bedeutet: blitzartig einschlagendes Glück.

DIE GÖTTER VON DUDWEILER
Vom Zusammenhang zwischen
Islamismus und Freibädern

Ich war lange nicht mehr im Saarland gewesen. Nun war ich hier sogar im Taxi unterwegs, das hatte es noch nie gegeben. Meine erste Station war ein Friseurladen am Ende einer kleinen Straße in Herrensohr, einem historischen und entlegenen Teil von Dudweiler. Der Laden war gleichsam in der Zeit geliert, nicht antik und längst nicht mehr modern, in einem zeitlichen Zwischenreich alter Werbefotos, in dem jederzeit Damen mit Fönwelle für ihren Flug mit der Concorde nach Dreiwetter-Taft verlangen könnten. Eine Kundin wartete mit Folie im Haar. Wie immer in solchen Läden gab es auch einen kleinen Hund, der sein Körbchen im Schaufenster hatte. Ich war der x-te Besucher, der hier nach dem Nachbarn fragte.

Der Friseur erzählte mir freundlich seine Beobachtungen mit den seltsamen Nachbarn und dass der junge Mann im weißen Gewand manchmal CDs verbrannt habe, im Hinterhof. Wer verbrennt schon CDs? Da habe er zu seiner Frau gesagt: »Das werre jo kenn Al-Qaida-Sache gewähn sinn?«

Doch. Es sind solche Sätze, die einem das Herz gefrieren lassen. Man denke an die Madrilenen, die ihren Nachbarn, den marokkanischen Besitzer des Handyladens, spontan verteidigten und alle Anschuldigungen als absurd zurückwiesen, bis seine Schuld an den Attentaten des Bahnhofs Antiocha erwiesen war.

Terrorismus ist eine Form von Bürgerkrieg: Jeder ist verdächtig. Freund und Feind sind nicht mehr so einfach zu unterscheiden. Aber wie klang das: Islamistische Terroristen in Dudweiler?

Daniel, ein Saarländer saarländischer Herkunft aus Neunkirchen, war tief in den militanten Islamismus hineingeraten. Er wurde zusammen mit zwei anderen Genossen der sogenannten Sauerlandgruppe festgenommen, als sie Sprengsätze so weit präpariert hatten, dass sie zuschlagen konnten. Amerikanische Soldaten, die aus der Disco kamen, sollte es treffen.

Ein weiterer Saarländer, Eric, hat den Weg von Daniel sogar noch schneller absolviert, mit 19 konvertierte er im Januar 2007 zum Islam, zog mit ihm zusammen. Kurz vor der heißen Phase der Bombenbastler wurde er jedoch ins Ausland geschickt, heute warnen Steckbriefe an allen deutschen Einrichtungen in Pakistan und Afghanistan vor ihm. In wenigen Monaten vom guten Schüler zum untergetauchten Islamisten, der womöglich als Deutscher deutsche Opfer am Hindukusch zu machen sucht, das ist eine Volte, auf die, so Annette Ramelsberger in der *Süddeutschen Zeitung*, die Ermittler nicht vorbereitet gewesen waren.

Hatte auch Eric in Dudweiler gewohnt? Oder gehörte er nur zu den häufigen Besuchern, die im Keller irgendetwas anstellten, was, wie der Friseur mit Genuss am gruseligen Detail erzählte, nachts einen metallischen Klang erzeugte?

Gehen Sie doch rüber, sagte der Friseur, ist alles offen.

Tür und Eingang waren völlig verwahrlost, das war selbst für die Standards dieser armen Gegend eine trostlose Ecke. Hier hatte seit vielen Jahren eine kleine Hinterhof-Moschee ihren Sitz, deren Beziehung zu den islamistischen Terroristen zum Zeitpunkt meines Besuchs nicht ganz klar war.

Ich lief vorsichtig durch die Gänge. In einem mit ge-
welltem Kunststoff überdachten Innenhof, der zu einem
typisch saarländischen Anbau führte, lagen einige Kinder-
dreiräder herum, eines davon in Polizeifarben. Wer auch
immer hier spielte, in den letzten Tagen hatte er Gelegenheit gehabt, wenn schon nicht die Räuber, so doch *in exten-
so* die Gendarmen zu studieren. Die Wände waren bemalt,
jemand hatte versucht, eine Art mediterranes Panorama
darzustellen, das machte aber alles nur noch trauriger.

In der Nähe des Hauses gab es einen kleinen Laden,
den man komplett ins Museum hätte tun können, mit einer vollmechanischen Kasse und Regalen, auf denen in
Augenhöhe sechs Ananas-Konservendosen zu einer Pyra-
mide getürmt waren, als sei dies die allerneueste Entwicklung auf dem Lebensmittelsektor. Zwei alte Damen waren
darin mitgealtert. Sie waren sehr liebenswürdig und sogar
stolz auf die Moschee in der Nähe. Einmal, erzählte mir
die Dame hinter der Kasse, habe sie Besuch gehabt, an
einem Freitag, und als der dann aufgebrochen ist, sei die
ganze Straße voller Autos und Männer in langen Gewändern gewesen. Da habe sie mal zeigen können, dass durchaus »was los« sei in Herrensohr.

Ich nahm in einem der Baumarktplastiksessel im Innenhof der Moschee Platz und wartete, eigentlich versuchte
ich, den Schock zu verarbeiten. Im Nachbarhaus fütterte
eine Dame ihre Katze und bereitete das Mittagessen vor.

Plötzlich hörte ich Stimmen. Durch den Gang, durch
den auch ich gekommen war, kam eine Gruppe von Personen. Ich richtete mich auf, schließlich hatte mich niemand eingeladen. Ich hörte das typische Rascheln eines
Stadtplans. Ernsthafte Journalisten aus Hamburg hatten
sich hierher verirrt und staunten über die Komplexität, das
Durcheinander und die allgemeine Rumpeligkeit dieses
saarländischen Anbaus.

Es waren sicher so viele Journalisten in einer Woche da gewesen wie in der ganzen Geschichte des Stadtteils nicht, seit die Industrialisierung aus dem Dorf eine Kleinstadt gemacht hat. Hier war nicht das Ende, eher eine tiefe Falte in der Textur der Welt. Irgendwelche imperialistischen Institutionen, einen reaktionären oder christlich-missionarischen Geist oder einen anderen Eifer würde man hier, wenige Kilometer vom Haus Ludwig Harigs entfernt, vergeblich suchen.

Der saarländische Schriftsteller hat unermüdlich über die regionale Lebenskunst geschrieben, jene saarländische Art zu leben und zu denken, die die Gegensätze zur Kenntnis nimmt und sich dann für ein Drittes entscheidet, wo Opportunismus als Kunst, die richtige Gelegenheit zu erkennen und zu nutzen, geschätzt wird, Antipoden versöhnt und weniger der Fortschritt, die Gipfel und Extreme als das Runde des Lebens im Blick gehalten werden. Harig wohnt in Sulzbach, der Terrorist hatte sich Dudweiler ausgesucht, das, auch in Harigs Schriften, immer schon als der weltzugewandtere Stadtteil gegolten hatte. Eine bestimmte Bushaltestelle, an der die Bewohner des Studentenwohnheims, darunter traditionell viele aus dem frankophonen Afrika, auf den Bus zum Unigelände warteten, war für Harig sogar der internationalste Fleck im ganzen Saarland.

Doch der liegt am anderen Ende von Dudweiler, wo es sonnig und hell ist. Hier, in Dudweiler Nord braucht man schon ein gesundes Gemüt, um nicht in Depressionen zu verfallen. Wie kommt einer von hier aus auf den Gedanken, in den weltweiten Dschihad zu ziehen und mit einer Bombe möglichst viele US-Soldaten zu töten? Freunde, die über die Region geforscht haben, betonen, von den persönlichen familiären Umständen einmal abgesehen, den Wandel der Lebensstile, den Mangel an Sicherheiten

in einer Gesellschaft, die auf Industriearbeit einerseits
und Landwirtschaft andererseits beruhte. Nun sind beide
Standbeine längst arthritisch und wacklig. Das rechtfertigt
aber alles Mögliche – dass einer in die Welt hinausziehen
will oder Popstar zu werden sich anschickt. Es bugsiert einen nicht in Richtung Islam.

Woanders wäre er womöglich Skinhead geworden,
zu einer anderen Zeit ein Linksterrorist, aber in unserer
Zeit hat sich eben der radikale Islam als absolutes Gegen-
modell zu einer lebenswerten freiheitlichen Gesellschaft
entwickelt.

Jeder Fernsehzuschauer weiß das. Wir vermuten und
erwarten ihn ausgehend von Pakistan, im Maghreb, in
Ägypten und Saudi-Arabien, in Ländern also, in denen
sich seit vielen Jahrzehnten eine komplexe Lage aus Fru-
strationen und Hass entwickelt hat und deren Regierungen
unsere Verbündeten sind. Wir wissen, dass der Terrorismus
in der ganzen Welt verbreitet ist und wandert. Aber von
Neunkirchen nach Dudweiler?

Dass ich gleich hingefahren bin, hatte nichts damit zu
tun, dass noch Gefahr bestanden hätte oder dass ich über
besondere Kontakte verfügte, die mir über Daniels Um-
triebe Auskunft hätten geben können. Mich trieb ein Unbehagen, das nach Augenschein verlangte: Man möchte
die Orte seiner Kindheit nicht mit internationalem Terrorismus in Verbindung gebracht sehen. Hinzu kam, dass
Dudweiler mir immer als der Inbegriff, der Nullpunkt
menschlicher Harmlosigkeit vorgekommen war, fern von
jeglicher politischen, ökonomischen oder gar ästhetischen
Ambition. Das klassische Industriedorf, Ende des 19. Jahrhunderts zur Größe einer Stadt herangewachsen, hatte
immer etwas Unbeholfenes. In den achtziger Jahren war
das eigentliche Zentrum durch einen rosafarbenen Ge-
bäudekomplex ersetzt worden, in dem eine leere Laden-

galerie über einer ebenfalls leeren Tiefgarage – zugleich ein Atombunker von riesigen Dimensionen - wacht.

Hinzu kam die religiöse Dimension der Sache.

In der Grundschule in Dudweiler hatte ich schließlich zum ersten Mal einen gesehen, der es mit der Religion wirklich ernst meinte. Seitdem ist in meinem Hirn die Erwähnung religiöser Themen und Begriffe immer mit dem Bild einer ziemlich scheußlichen grüngrauen Kirche und der unsympathischen Figur eines strengen katholischen Geistlichen verbunden, der meinen Klassenkameraden Religionsunterricht erteilt, während ich, davon befreit, in der letzten Reihe Blätter vollmale. Die Kinder, die aus seinen Unterweisungen kamen oder zur Kommunion mussten, kamen immer seltsam bleich wieder hervor, offenbar war diese Angelegenheit recht aufwühlend. Für uns Kinder spielte das aber keine Rolle, die evangelischen oder katholischen Familien waren als solche gar nicht erkennbar. Bei älteren Leuten hingen die Kreuze an der Wand wie alte Familienbilder von Männern in Wehrmachtsuniformen, es war genau, wie Paul Veyne in seinem Buch über die konstantinsche Konversion schreibt: Wir bewohnen noch ein Haus, das einmal Christen bewohnt haben, ihre Musik, Bilder und Devotionalien liegen noch herum, aber wir glauben nicht mehr an ein Leben nach dem Tode oder die jungfräuliche Geburt.

Der Kodex der akzeptierten Verhaltensregeln war dennoch breit und spezifisch zugleich: Es sollte gerecht zugehen, Ältere sollten nicht gegen die Kleineren, sondern in ihrer Altersklasse kämpfen, keine Waffen, kein Blut und weder Spucken noch an den Haaren ziehen. Das ging auch ohne göttlichen Verweis. Die Klasse und der Schulhof waren seltsam gemischt: die Kinder der normalen Dudweiler Ureinwohner mit den Kindern derer, die wegen der Nähe der Universität dorthin gezogen waren. Aber das mischte sich ganz gut, so war schließlich der Geist der Zeit. Eines Tages kam meine Mutter von einem Elternabend zurück und eröffnete mir, meine Freunde und ich würden uns von nun an jeweils um ein Kind kümmern, das es in der Schule schwerer hat. So wurde aus Gerald, einem dunkelhäutigen Mitschüler, mein Schützling. Wir hatten uns bis dahin allerdings erfolgreich ignoriert, und entsprechend verklemmt war dann auch unser ganzes Verhältnis. Bei anderen lief es besser.

Was es auch immer für Sorgen und Nöte gegeben haben mochte, Religion spielte nicht die allergeringste Rolle. Die Prozession zu Sankt Martin ist mir als nachdrückliches Ereignis in Erinnerung, nicht nur wegen des Pferdes, der tiefen Schwärze der Novembernacht, in der die beim örtlichen Spielwarenladen gekauften runden Laternen warm leuchteten, auch wegen der überschießenden Bedeutung, wegen der guten Sache, die mit der Legende verbunden war. Die Moral aber – ein Mantel in einer kalten Nacht – war höchst irdisch.

Der allgemeine und, wie wir heute wissen, auch einigermaßen gut verteilte Aufschwung, der sich in den 70er Jahren entfaltet hatte, ließ wenig Muße für Blicke in den Himmel, es sei denn, um neue Fluggeräte zu erspähen. Ist es meine nachträgliche Erinnerung, dass mir ein Junge auf der Straße den Mond zeigte und sagte, heute sei Mondlandung?

Neue Gimmicks, Farben und der immerwährende Fortschritt hielten auch unsere Nachbarn auf Trab, reiche wie arme, linke wie rechte. Auch auf die Gefahr hin, das Dudweiler von damals zu idealisieren, eine besonders fromme Zeit war es nicht.

Nun saß ich leicht benommen herum und versuchte, mir einen Reim zu machen. Links und rechts, oben und unten, das waren die Achsen, die meine Perspektive be-

stimmten, so ging es ja eigentlich allen. Der Islamismus hat
uns aus einem toten Winkel erwischt.

Warum wird jemand überhaupt Terrorist? Die Harvard-
professorin Louise Richardson hat das für ihr wichtiges
Buch *Was Terroristen wollen* erforscht. Der klassische Ter-
roristenwerdegang beginnt, wie bei jedem anderen Beruf
auch, in einer Terroristenfamilie: Iren, die Brüder, Onkel
oder Eltern im Kampf um die Unabhängigkeit verloren
haben, finden leicht zur IRA bzw. umgekehrt, die IRA
findet sie. Richardson spricht von den drei R, die Terroristen um- und antreiben: Der Wunsch nach Rache ist
der stärkste. Dazu gesellt sich die Erwartung von Ruhm,
aus der Masse der Geknechteten als Widerstandskämpfer
herauszutreten. Und schließlich das Kalkül, mit einem
Terroranschlag die übermächtige Gegenseite zu einer Reaktion zu provozieren, die meistens aber nicht präzise definiert wird, irgendein Schlag halt. Terroristen haben, so
Richardson, nie ein genaues Bild von der Zukunft, einer
zukünftigen Staats- und Gesellschaftsordnung. Hätten sie
es, wie Martin Luther King, würden sie keinen zerstöreri-
schen Terrorkrieg betreiben.

Daniel fällt in eine ganz neue Unterkategorie des Terrors
von Aktivisten, die erst global radikalisiert werden, also
per Internet oder über Bekannte den weltweiten Kampf
kennenlernen und dann lokal agieren, sich zum Beispiel
eine Disco im deutschen Südwesten suchen, wo amerikanische Soldaten verkehren. Richardson nennt diese Leute,
die in kein bekanntes Raster passen, eine »ernst zu neh-
mende Eskalation der terroristischen Bedrohung«.

Mein Landsmann wurde nicht von israelischen Siedlern
vertrieben, hat keine Freunde oder Verwandte im Dschihad verloren und kann auch nicht auf die beklemmenden
Umstände nach dem UN Arab Development Report ver-

weisen, dass also die oppressive Stimmung eines westlich geförderten, autoritären Regimes in ihm den Protestwillen geweckt habe – bei aller Distanz zur saarländischen Landesregierung, der Ministerpräsident heißt nicht Peter Mubarak.

Aus dem Saarland war er bis nach Pakistan gereist, um Kontakte zu den entsprechenden Kreisen zu bekommen. Seine deutschen Kollegen um Fritz Gelowicz aus Ulm hatten sich der IJU angeschlossen, die wiederum von westlichen Geheimdiensten observiert wurde. Auch in Pakistan, wo er hingereist war, um eines der berüchtigten Terrorlager zu besuchen, ist der Zusammenhang zwischen Islamisten und Geheimdiensten aus historischen Gründen nur schwer zu entwirren, schließlich hat der pakistanische Dienst die islamischen Mudschahedin seinerzeit gegen die Sowjets erfunden und in Stellung gebracht. Was aber wiederum nicht heißt, dass alle pakistanischen Behörden immer Agenten der Taliban sind: Die Witwe des ermordeten Journalisten des *Wall Street Journal*, Daniel Pearl, hat immer betont, wie sehr ihr ein Offizier der pakistanischen Polizei geholfen hat.

Aus dem Saarland ins große Spiel, schnell hatte sich Daniel darin verheddert.

Seine Sauerland-Gruppe war monatelang, womöglich von Anfang an, observiert worden, selbst auf dem G8-Gipfel in Heiligendamm hatte es darüber Gespräche zwischen Bush und Merkel gegeben. Inzwischen gibt es Stimmen, die die ganze Gruppe, wie es ja auch bei der rechtsextremen NPD der Fall gewesen war, für völlig unterwandert halten, so dass der Staat über jeden Schritt der jungen Leute im Bilde war. Seitdem wird die Frage gestellt, wie echt die Bedrohung überhaupt war.

Das wird der Prozess zeigen. An der Entschlossenheit der jungen Männer bestand jedenfalls kein Zweifel.

Dieses Zimmer, tief in einem Rückzugsgebiet, und dann doch die Kontakte zum weltweiten Dschihad, aus diesem tiefen Kontrast bezog er wohl eine perverse Genugtuung. Ich stelle ihn mir vor, wie er sich in der Abgeschiedenheit der Nachmittage von Dudweiler, deren Länge ich gut kenne, in Tagträumen und Monologen ergeht, ewige R-Gespräche mit sich selbst. Gering war sein Selbstbewusstsein zum Schluss nicht: Auf den Bildern von der Überstellung nach Karlsruhe ist er der Einzige, der sein Gesicht ohne Skimaske kenntlich zeigt.

Er suchte keinen Dialog. Was hätten wir ihm auch zu sagen gehabt?

Der Islamismus schwappte 1979 auf die Bildfläche, seitdem stehen ihm unsere politischen Eliten, aber auch weite Teile der Öffentlichkeit unverändert ratlos gegenüber. Er kam beinahe zeitgleich in zwei völlig unterschiedlichen Formen auf die Fernsehschirme: Die iranische Revolution wurde von einer schiitischen Clique gekapert, die sich die ausgeprägten antiamerikanischen und religiös-traditionalen Gefühle im Lande zunutze machte. Das ging gegen den Westen, der den Märchenprinzen auf dem Pfauenthron gestützt und sogar bewundert hatte. Die vielen schahfeindlichen Exiliraner sahen sich in einer ungemütlichen Zwickmühle, viele wollten weder das Khomeiniregime noch den Schah. Und in Afghanistan, das zu Weihnachten von der Roten Armee erobert worden war, begannen Mudschaheddin, mit ihrem Heimatland auch ihr religiöses Bekenntnis zu verteidigen.

Der Islamismus war nicht einfach zu lesen: Auf der einen Seite eine antikolonialistische Befreiungsbewegung, auf der anderen ein brutales Unterdrückungsmittel, das zwanghaft vor allem die Frauen und Mädchen ins Visier nahm und zum Gegenstand völliger Willkür machte. Bürgerliche Freiheiten galten nichts, und die Juden waren an allem schuld. Trotzdem war das Denken damals derart auf die Dialektik des Kalten Kriegs ausgerichtet, dass man annahm, eine Bewegung, die gegen so vieles war, müsse auch für etwas gut sein, und sei es, um Widersacher im Westen zu ärgern. Als einer der berühmtesten Fürsprecher der neuen Bewegung tat sich daher der französische Philosoph Michel Foucault hervor. Sein Freund, der Althistoriker Paul Veyne, schob das später auf einen einigermaßen kindischen Wunsch des Philosophen, das Pariser Intellektuellenmilieu zu schocken. Nach einem Besuch beim Ajatollah hätte er die politischen Pläne des Alten zwar als völligen Wahnsinn bezeichnet, öffentlich äußerte er aber Verständnis und Neugier für diese revolutionäre Urkraft. Foucault wurde wegen dieser Provokationen auch von iranischen Oppositionellen überfallen, um so weniger dachte er daran, damit aufzuhören. Veyne kommentiert das freundlich mit einem: Nobody is perfect.

Im Ernst konnte weder ein revolutionsbegeisterter Linker noch ein religionsfreundlicher Konservativer im Westen den Islamismus begrüßen, er fand im Westen, im Unterschied zu so vielen anderen antikolonialistischen Befreiungsbewegungen, kaum Unterstützung. Iran war irritierend, aber ansonsten war diese Entwicklung eigentlich egal. Warum es zu dieser Rückbesinnung auf die wortwörtliche Interpretation des Korans und der Hadith kam, interessierte niemanden, es waren schließlich orientalische Länder, in denen die Uhren bekanntlich anders gehen. Ein Land wie Marokko wurde ja ganz bewusst als ein Traumkönigreich konzipiert.

Der fortschreitende politische Islamismus, der von einer kleinen Gruppe von Männern im Ägypten der 1920er Jahre entwickelt und vor allem von Sayed Qtub fortentwickelt worden war, machte rasche Fortschritte: Er setzte wenig voraus, knüpfte an Altbekanntes und den tiefen Glauben an und bot ein Ventil, wo die politischen, publizistischen und assoziativen Äußerungs- und Willensbildungsmöglichkeiten versperrt waren. Je mehr der Islamismus den Leuten gefiel, desto stärker wurde er zum Vorwand der herrschenden Despoten, ihren Zugriff auf Volk und Land zu festigen. Solche Ungerechtigkeiten wiederum spielten den Islamisten in die Hände – eine blutige Abwärtsspirale, die bis heute anhält. Wobei trotz des entsetzlichen Wütens der Islamisten in USA und Europa, auf Touristen und Soldaten festgehalten werden muss, dass die allermeisten, weit über 90 Prozent der Opfer dieses Konflikts Muslime selbst sind.

Es läuft bis heute so. In der amerikanischen *Vanity Fair* – nicht zu verwechseln mit dem Farbmagazin gleichen Titels aus Berlin – fand sich der erschütternde Bericht über die geheimen Zuwendungen der amerikanischen Regierung für die Sicherheitstruppe der Fatah, der einst rein terroristischen Truppe, jetzt aber, weil von den palästinensischen Wählern verlassen, mehr dem Westen und nominell zumindest einem Frieden mit Israel zuneigend, unser Verbündeter. Der Artikel bestand aus Zeugenaussagen von Männern, die von den Fatah-Leuten gefoltert worden waren, und Nachweisen über die Geldflüsse. Es ist das ewige Spiel, hier sehr gut im Kleinformat zu betrachten: Gegen die gruselige Hamas, die die Palästinenser nun mal wie ihnen angepriesen, frei gewählt haben, bewaffnen und munitionieren wir den Sicherheitsapparat der Fatah, der zentrale Chefs oder Spione der Hamas quält und tötet – oder eben solche, die er dafür hält. Diese Form der schwarzen Diplomatie macht den Westen im Nahen Osten seit Jahrzehnten unglaubwürdig. Man hat ihn da, bei aller Liebe und Bewunderung zu einzelnen Aspekten der populären und höheren Kultur, als politischen Agenten einfach satt.

Die Prinzipien, die wir gerne und völlig zu Recht auch

von Islamisten einfordern – Meinungsfreiheit, Toleranz, Freizügigkeit – wurden zuerst von jenen Regimen verraten, die wir so clever gefördert haben, um im Nahen Osten Ruhe zu schaffen. Und ans Öl zu kommen. Erinnert sich noch jemand an Jürgen W. Möllemann und seinen Spruch, bei der Frage der Lieferung der Panzer an Saudi-Arabien solle man nur mal den Namen des Geräts, Leo, umgekehrt aussprechen?

Das schlechte Gewissen vieler Machthaber führte dann dazu, dass sie uns irgendwann verrieten. Am virulenten Antisemitismus dieser Leute – die saudischen Könige hatten lange für ihre Besucher eine Ausgabe der Protokolle der Weisen von Zion bereit – störte sich freilich lange Zeit niemand.

Hinzu kam der Reichtum. In den späten 70er Jahren konnte jeder Tourist erkennen, wie sich die berühmten Ölscheichs überall in den schönen Gegenden Europas, vor allem aber, historische Sehnsucht nach der Größe der Kalifatszeiten, an der andalusischen Küste große Paläste bauen ließen. Die Residenz des saudischen Königs in der Nähe von Marbella war die exakte Replik des Weißen Hauses, nur größer. Diese Bereicherung durch Öl hat beispielsweise seitdem noch wahnsinnigere Dimensionen angenommen. Sie ging aber nicht mit dem Ausbau des Landes einher, in arabischen Ländern entstand keine bürgerliche Gesellschaft, Bildung war zur Erlangung von Wohlstand weder erwünscht noch nötig.

Die charismatische Wirkung der bin-Laden-Legende erklärt sich auch vor diesem Hintergrund: Hier war einer, der sein Leben im Reichtum einer großen saudischen Familie aufgab, um in Afghanistan zu kämpfen. Genauer durfte man freilich nicht hinschauen, denn weder war sein Reichtum so groß, wie es später hieß, noch waren seine Kämpfer besonders effektiv – in einer unter Afghanen berühmten

Anekdote hatte ein einziger Wachposten der regulären afghanischen Armee ausgereicht, einen Angriff der völlig desorganisierten, mit viel zu langen Zündkabeln herumfuchtelnden arabischen Gastkämpfer zurückzuschlagen. Usama selbst lag bei dieser wie bei anderen Attacken mit Migräne in seinem Quartier.

Das alles zählte nicht, allein der asketische Lebensstil und der Wunsch, für eine gute Sache sein Leben zu riskieren, machten aus Usama eine singuläre Figur.

Die schlechte Bildung und mangelnde Artikulationsfähigkeit in arabischen Ländern, in denen keine Meinungsfreiheit herrschte, in Zeiten vor Al Dschasira also, nutzte uns. Wie will man etwa einem kritischen Bürger des Iraks vernünftig klarmachen, dass maßgebliche europäische Staaten, allen voran Frankreich mit Jacques Chirac und Chevènement, Saddam mehr als unterstützten, ihn verwöhnt haben und ihm in seinem wahnsinnigen Krieg gegen den Iran beistanden, ohne an das Schicksal der irakischen Bevölkerung zu denken?

Dieser erste Golfkrieg ist ein im Westen weitgehend vergessener Wahnsinn. Heute stellt er sich als eine Art Sandkastenspiel in der schlimmsten Tradition der imperialen Kolonialkriege dar: Man ließ Heere von Wehrdienstleistenden aufeinander los, um die überschüssigen Energien der beiden riesigen Länder zu binden und zu schauen, ob den Iranern nicht Einhalt geboten werden könne. Rumsfeld war damals schon dabei und schüttelte Saddam die Hand.

Fast mit bloßem Auge konnte man das Anwachsen der sichtbar religiösen Menschen in den Maghreb-Staaten beobachten. Missionare der Muslimbrüder und diverser anderer Gruppen machten sich in Wohnvierteln breit, wo sie bald auf große Unterstützung durch eine Bevölkerung trafen, der jeder andere Weg der politischen Willensbil-

dung versperrt war. Aber auch weil der Islamismus manche
überzeugende Idee enthielt, eine Art dritten Weg versprach, zwischen der Allianz aus Kapitalismus und Militär
einerseits und dem sozialistischen, antikolonialistischen
Kampf, für den die PLO zu stehen vorgab – und weil er
die lokalen männlichen Ehrvorstellungen stützte, die den
Leuten wenigstens geblieben waren. Auch wenn man nicht
viel vorzuweisen hatte: Auf Frauen und Juden konnte man
immer noch herabblicken.

Ein befreundeter Familienvater, in Algerien geboren
und in Marseille lebend, erzählte einmal, wie in den 80er
Jahren auch dort die ersten Prediger im Dampfbad unterwegs waren. Einer hätte so auf ihn eingeredet, dass sein
Kopf sich gedreht habe, »ganz schwindlig« sei ihm gewesen. Weil der so gut reden konnte. Selbst sein halbwüch-
siger Sohn, der danebenstand, habe schon begonnen, ihn
zu bewundern. Da riss sich unser Freund mit dem Kind
los und steuerte entschlossen ein Bistro an: »Ich bestellte
mir ein kühles Bier. In der Situation ist mir nichts anderes
eingefallen, um wieder einen klaren Kopf zu bekommen,
und es hat auch herrlich gewirkt.«

Die Anekdote ist mir nicht nur wegen der verantwor-
tungsbewussten Haltung des Vaters in Erinnerung, der sein
Exil eben nicht zu kompensieren suchte durch besonders
frommen Eifer. Die Frage stellt sich, was in Ländern geschieht, in denen eben keine zivile Gegenwelt die Tür geöffnet hält für Vater und Sohn, sondern wo sie, aus dem
Bad kommend, in der Teestube nur auf noch mehr solcher
Eiferer und Prediger treffen.

Algerien

Wir hatten, wie viele französische Familien, immer familiäre und freundschaftliche Bande nach Algerien. Mein Großvater hatte einen Teil der Kriegszeit in Tunesien verbracht, und die Großmutter meiner Großmutter wurde in Algerien geboren. Ohne Übertreibung kann man sagen, dass die französische Familie sich in Oran, Tunis und Casablanca leichter zurechtfand als in Frankfurt am Main; ganz so, wie es auch Nicolas Sarkozy Yasmina Reza anvertraute.

Sie waren immer wieder dort, zu den verschiedensten Anlässen und Zusammenstellungen. Von Jahr zu Jahr konnte man sehen, wie mehr Männer mit Bart und mehr Frauen mit Schleiern auftraten.

Ein angeheirateter Onkel ist Algerienfranzose, aus einem kleinen Kaff auf einem Hochplateau. Er hatte noch Kontakt zu diversen Jugendfreunden, die Bande zwischen Frankreich und dem revolutionär erhobenen Algerien waren unterhalb der diplomatischen Ebene immer intensiv geblieben. Es war nicht wie in Zeiten des Eisernen Vorhangs, es ging, trotz Migrationsbeschränkungen und Visumspflicht, munter hin und her.

Zu den großen dramatischen Momenten jedes Familienessens zählte der Teil, an dem die älteren Männer wieder »den Krieg machten«: Zweiter Weltkrieg die Älteren, Algerienkrieg die etwas Jüngeren, eine nostalgische Sache, die von den anwesenden Ehefrauen dem Alkohol angelastet wurde, aber viel konnten die Männer zu dem Zeitpunkt nicht getrunken haben.

Unweigerlich kam, nach ausgiebigen Schilderungen der schönen Landschaft Algeriens, der Freundlichkeit der Leute und einer Warnung vor den Lügen der Araber, der klagende Ruf nach dem geliebten Jugendfreund meines Onkels, Mamounette. Es gab Essen, an denen der Onkel unter lautem Schluchzen und Rufen nach Mamounette den Tisch verließ und ins Auto gebracht wurde. Erst Jahre später habe ich mich getraut, meine Tante in einem diskreten Moment danach zu fragen, was eigentlich die französischen Kolonialtruppen mit dem armen Mamounette angestellt hatten. »Ach was, den Mamounette treffen wir am Samstag wieder im Carrefour.« Der Jugendfreund wohnte längst in Frankreich, in unmittelbarer Nachbarschaft, und man traf sich jeden zweiten Samstag zum Großeinkauf im Supermarkt.

Kaum irgendwo schienen die Linien zwischen Gut und Böse so deutlich wie im Algerien: Kolonialisten gegen Einheimische, Folterer gegen Befreier, Reaktionäre gegen aufgeklärte Sozialisten. Leider ging es in dem jungen Staat nicht voran, das Leben verfloss, die Leute hatten keine Arbeit, und ungerecht ging es auch noch zu.

Der Freund unseres Onkels, Ahmed, war Bäcker in dem kleinen Dorf, in dem die beiden ihre Kindheit verbracht hatten. Wir haben ihn mal in Algerien besucht. Er hatte gerade die Hadsch absolviert, damals noch kein Zeichen einer politischen Orientierung, sondern einfach eine der Notwendigkeiten eines frommen Muslims, wenn man es sich leisten konnte. In unseren Gesprächen erlebte ich Achmed als einen gemäßigten Sozialdemokraten mit entsprechend melancholischem Weltbild. Die Exzesse der Iraner verurteilten sie ebenso wie die Siedlungspolitik Israels.

Die Niederlage der arabischen Armee, die Massaker in Sabra und Schatila sowie vor allem der elende und trotz der Bodenschätze und der Schönheit der Landschaft kaum vorzeigbare Zustand des Landes und der Infrastruktur bereitete ihnen eine deutliche Scham. Die Lage des Landes, mochten wir es noch so loben und die Tapferkeit der Leute anerkennen, war ihnen peinlich.

Tagelang gab es kein Wasser, die Leitungen waren einfach zu alt. Der Sohn der Familie, in meinem Alter, musste sein Abitur in einem entlegenen Militärgymnasium machen, und da jede öffentlichen Nahverkehrssysteme fehlten, bedeutete das eine stundenlange Fahrt zusammengequetscht in irgendwelchen Fahrgemeinschaften. Besuche zu Hause waren nur alle paar Wochen möglich.

In der Nacht vor seiner Rückkehr zur Schule hörte ich ihn, die Kadettenuniform gleich neben dem Bett, in sein Kopfkissen weinen.

Die Frauen des Hauses blieben in einem anderen Teil als wir, jedenfalls die meiste Zeit, es war kompliziert. Kaum suchte ich das Bad auf, in dem kein Wasser floss, nur im Morgengrauen ein wenig, was unsere Gastgeber dann eilig sammelten, huschte eine der Töchter der Familie in das von mir bewohnte Zimmer und machte das Bett. Gesehen habe ich sie nie, außer zu unserer Rückfahrt, als wir sie bis an die Küste zurück mitnahmen und sie mehrere hundert Kilometer lang neben mir saß, Kaugummi kaute und unbeschwert plauderte. Die Dame des Hauses war wesentlich jünger als ihr Ehemann, fast kugelrund, und fiel schon von weitem durch ein ansteckendes Lachen auf. Sie verbrachte die meiste Zeit im Haus, empfing Besuch, sah fern und zog sich um. Groß an der Hausarbeit im eigentlichen Sinn beteiligte sie sich, glaube ich, nicht, dazu waren einige Hilfen da. In ihrer überbordenden Art rauschte sie schon mal verspätet aus dem Haus und merkte vor lauter Erzählen gar nicht, dass ihr Haar unbedeckt war. Das war der einzige Moment, wo ihr milder Ehemann doch mal die Fassung verlor: »Zoubida, couvre toi!«, schimpfte er, und sie zog sich kichernd das Tuch über die Haare. Es war mehr ein Sittlichkeitsgefühl als eine religiöse Sache und, wie seine Frau uns augenzwinkernd zu verstehen gab, eine Generationenfrage. Ahmed wollte im Dorf nicht als einer dastehen, dessen Frau halbnackt durch die Straßen rennt. Dabei hielten sich beide große Teile des Tages fast nackt in Gegenwart von Fremden auf, im Hamam nämlich, das sie wegen des Problems mit der Wasserversorgung mindestens jeden zweiten Tag besuchten und das als Schwimmbad, Kneipe und Café fungierte.

Ahmed und Zoubida haben uns auch in Frankreich besucht. Zoubida flitzte, endlich unverschleiert, durch die Boutiquen, und ihr Mann hatte Mühe, mit flatterndem Scheckheft Schritt zu halten. Ich war nicht dabei, aber es wurde einer der legendären Fauxpas meiner Großmutter, die für den Besuch gekocht und unter vielen anderen Klassikern auch einen Friseesalat mit Speck vorbereitet hatte – das Wort Cholesterin gab es zwar in ihrem Wortschatz, aber sicher nicht beim Kochen.

Jedenfalls erkundigte sich Ahmed in seiner humorvollen und zurückhaltenden Art, ob das denn Speck sei, und begann schon, die Würfel diskret mit der Gabel zur Seite zu schieben, während meine Großmutter ihm fröhlich erklärte, bei seiner schlanken Figur könne er sich das ruhig erlauben. »Ahmed, von diesem Speck werden Sie nicht dick!« wurde augenblicklich ein legendärer Spruch in der Familie.

Wenige Jahre später starb er an einem Herzinfarkt, Zoubida fand einen neuen Mann. Oder wurde verheiratet? Der Kontakt zur Familie riss leider ab.

Der Bürgerkrieg in Algerien, bei dem Tausende starben, beendete die optimistische Grundhaltung gegenüber dem jungen Staat. Zu Beginn der 90er Jahre waren zwei Freundinnen aus Algier, beide Lehrerinnen um die Dreißig, im Ferienhaus gewesen und hatten dort einige Tage verbracht, ohne Alibi-Mann, unverschleiert Rad fahrend, badend und ihre Freiheit genießend. Als nach zehn Tagen der Zeitpunkt des Abschieds kam, Rückkehr nach Algier, konnten beide ihre Tränen nicht zurückhalten, es waren nicht die Pinien oder der Atlantik, die ihnen fehlen würden, es war die Freiheit.

Sie sind später ganz nach Frankreich übergesiedelt.

Lange hielten sich die Gerüchte, die algerischen Generäle hätten die GIA unterwandert, um ihren Sicherheitsapparat auszubauen. Die demokratisch gewählte FIS wurde nicht an die Macht gelassen, weil man ein islamistisches Terrorregime am Mittelmeer befürchtete, wahrscheinlich völlig zu Recht. Selbst bin Laden hatte Respekt vor den Männern der GIA. Einem Bericht zufolge empfing er eine Abordnung der Algerier, als er noch im Sudan weilte, um dann eine Zusammenarbeit abzulehnen, das seien Nihilisten und die schreckten vor keiner Gräueltat zurück.

In Algerien zeigt sich das ganze Elend des radikalen, blutrünstigen Islamismus: eine fehlgeleitete Ideologie, die aber dem Bedürfnis nach Korruptionsbekämpfung, Stolz und Gleichheit entsprach, auf der Erfahrung erlittener Ungerechtigkeit basierte und auf eine junge Bevölkerung traf, deren männlicher Teil, dem revolutionären Impetus eines jungen Staates gemäß, von Kindesbeinen an mit militärischem Drill, soldatischen Werten und Heldengeschichten behelligt worden war. Außerdem hatten alle zu viel Zeit und zu wenig Freiheit. Öffentliche Sporteinrichtungen, Kinos, Vergnügungen waren dünn gesät, Busse, mit denen die Leute sich autonom durch die Gegend bewegen konnten, gab es außerhalb der großen Städte kaum.

Ich war selbst noch ein Jugendlicher, als wir Algerien bereisten. Am meisten staunte ich über die Langeweile, die meine Altersgenossen dort plagte und die im Sommer, so erzählten sie, am schlimmsten war. Lautet ein Rezept gegen grassierenden Islamismus am Ende, mehr Freibäder zu bauen? Nicht sicher: In Dudweiler gibt es ein herrliches Freibad. Aber schaden kann es auch nicht.

Jahrelang köchelte der Islamismus vor sich hin, unbemerkt, unbeantwortet, manchmal, wie in Afghanistan, vom Westen genutzt, manchmal, wie im Iran, bekämpft. Sicher ist Religion nicht nur das Seufzen der bedrängten Kreatur. Aber wenn vor allem die Jugend in so großer und schnell wachsender Zahl aufseufzt, kann schon mal gefragt werden, was denn so drängt.

Wurde aber nicht. Die erste große Bedrohung durch den militanten Islam außerhalb der Territorien, in denen die Muslime die Mehrheit bildeten, war die Fatwa gegen Salman Rushdie 1989. Die Reaktionen darauf reichten von kopflos bis erbärmlich. Seltsame Allianzen bildeten sich: Die konservative Regierung bewilligte augenblicklich Personenschutz für einen Mann, der politisch und überhaupt ein eigensinniger, leicht größenwahnsinniger und gänzlich undankbarer Zeitgenosse war. In Deutschland setzten sich die Grünen für ihn ein, Günter Wallraff beherbergte ihn eine Weile in seinem Haus in Köln-Ehrenfeld. Bei den Linken machte sich erst einmal Ratlosigkeit breit: War er ein elitärer Provokateur oder ein Opfer? Unterdessen aber bildete sich um den Verfolgten eine seltsame Leere, die er in einem bewegenden Essay beschrieben hat. Verlage und selbst Fluggesellschaften mieden ihn. Die *tageszeitung* startete, zu ihrem ewigen Ruhm, die Aktion »Briefe an Rushdie«, und schließlich fand sich eine große Menge Einzelpersonen, *Die satanischen Verse* doch noch auf Deutsch herauszubringen, mit verteiltem Risiko.

Die Rushdie-Affäre hatte auch etwas von der verschärft beginnenden Globalisierung, Türen und Fenster waren geöffnet worden, und ein unangenehm eisiger Zug wehte durch das europäische Haus. Späte Ausläufer davon konnte ich Jahre später spüren, als Rushdie für seinen Roman »Der Boden unter ihren Füßen« zwei Veranstaltungen in Berlin und Hamburg zugesagt hatte, die mein damaliger Chef, der Moderator und Publizist Roger Willemsen, moderieren sollte.

Aus Angst vor der ganzen Welt hatte man in Hamburg eine Art Endzeit-Sicherheitskulisse aufgebaut, Hunde und Scharfschützen inbegriffen. Ich erinnere mich an unsere langen Märsche durch geräumte Gänge, vorgeschriebenen Umwegen folgend, und wie wir nach langer Zeit auf einen sehr netten und etwas krampfhaft um die Ausstrahlung von Witz und Fröhlichkeit bemühten Autor trafen. Um ihn herum muss es lange sehr einsam gewesen sein, er bemühte sich, den Raum ganz allein auszufüllen. Nach dem sehr gelungenen Interview in Hamburg – Willemsen und er hatten sich hauptsächlich über Fußball und Literatur unterhalten und die Stimmung war bestens – äußerte Rushdie eine Bitte, die die Staatsgewalt in Aufruhr versetzte, nämlich zusammen eine Pizza essen zu gehen. Die Maschine setzte sich in Gang, eine Pizzeria in unmittelbarer Nähe des Veranstaltungsorts wurde ausfindig gemacht und prompt geräumt. Da Rushdie und Co. nur mit Spezialfahrzeugen bewegt werden durften, gingen wir zu Fuß hinterher, an einem Spalier von Polizisten vorbei in ein völlig leeres Lokal, in dem sich die Kellner zu einem kleinen Grüppchen formiert hatten. Wir gingen durch den ersten leeren Gastraum in einen zweiten, eine Art Festsaal, der ebenso leer war bis auf – es war ein Bild wie aus einem Traum – den kleinen Schriftsteller, der an der Mitte eines sehr langen Tisches saß und etwas beklommen auf zwanzig leere Stühle verwies: Take a seat.

Ein gemeinsames Abendessen schien in diesem Moment genau die richtige Antwort auf den Wahnsinn der iranischen Regierung, der darauf abzielte, den Todgeweihten von der Gemeinschaft zu isolieren und alle anderen zu verunsichern. Mein Großvater, dem ich den Abend später am Telefon nacherzählte, war freilich weder vom Ruhm des Autors noch von der islamistischen Gefahr nachhaltig beeindruckt, er konzentrierte sich auf das Wesentliche: »Wie war das Essen?«

Schnaps in der Wüste

Vor Reisen verlässt mich regelmäßig die Lust dazu. Auch an jenem Montag war das so. Ich traf einen Kollegen auf der Straße vor der Berliner Redaktion, der mich spontan bemitleidete: »Ich würde auch nicht gern morgen nach Amman fliegen.«

Das war am 10. September 2001.

Am nächsten Tag bestiegen wir munter und ohne größere Sicherheitsvorkehrungen in Frankfurt am Main ein Flugzeug von Jordan Air. Nach der Landung war es dann ganz still in dem kleinen Flughafen. Es war die jüngste Mitreisende, Volontärin eines Tourismusmagazins, die als Erste ihr Mobiltelefon einschaltete und ungläubig vor sich hin murmelte. Fernseher gab es in dem Gebäude keine, auch keine Anzeichen irgendeiner Aufregung.

Wie sollte das gehen, fragte ich mich, dass die Volontärin wegen eines Vorfalls in den Vereinigten Staaten von Jordanien aus nach Hause fliegen soll, wie es ihre Eltern und die Redaktion offenbar unisono in für uns noch völlig kryptischen SMS verlangten? Was, außer einem Atomkrieg, konnte derart entlegene Orte wie die Wüste und Downtown Manhattan, wo, wie wir langsam herausfanden, sich etwas ereignet hatte, zugleich betreffen? Von irgendwelchen Unruhen oder Sicherheitsmaßnahmen war nichts zu merken, auch die Einreisepolizisten oder sonstigen Beschäftigten, die wir nach Informationen fragten, schüttelten nur den Kopf. Einen Uniformierten sehe ich noch vor mir, wie ich ihn frage, ob in der Welt etwas Schlimmes passiert sei, und er bloß den Kopf schüttelt. Es war nichts Politisches: Wir sollten bloß nicht wieder abreisen. Wir sollten Werbung für den Tourismus in Jordanien machen, und das Letzte, das hier gebraucht werden konnte, war Furcht vor Anschlägen. Eine Depression legte sich über das Land.

Zwar tat unser Reiseleiter und Dolmetscher so, als sei nichts geschehen, aber die leeren Hotels, die plötzlichen und massenhaften Stornierungen waren nicht zu übersehen. Umgekehrt waren die Hoteliers, Kellner, Reiseführer übereifrig engagiert. Ein Hotelbesitzer lud uns zum Abendessen ein und stellte uns außerdem Zimmer zur Verfügung, nur damit wir uns umziehen und duschen konnten, jeder hätte auch zwei haben können, der ganze Bau war völlig leer. Niemand wollte in die Nähe Israels reisen, womöglich war Jordanien ja eine Terrorbasis? In Wahrheit blieb es auf der ganzen Reise völlig ruhig.

In solchen Situationen hilft es nicht gerade, wenn man im Feuilleton arbeitet. Vom Film- und Architekturkritiker bekam ich mehr ästhetische Einschätzungen der Katastrophe, während mich doch am ersten Abend vor allem eine Einschätzung der Lage unter Palästinensern interessiert hätte. Und ob nicht noch weitere Flugzeuge in der Luft sind. Ich rief dann noch bei der deutschen Botschaft in Amman an, wo mich ein sehr freundlicher Beamter zu beruhigen suchte: »Die Lage ist stabil, ich kann hier das ZDF empfangen.«

Zugleich war ich erleichtert, dass ich doch keine Glosse über bin Laden geschrieben hatte. In jenem langen Sommer hatte es so geschienen, als sei der ferne Scheich in Afghanistan bloß eine Art Chimäre, eine Chiffre für eine nie genau einzuschätzende Bedrohung. Leicht hätte ich mich über das Ominöse dieser Gestalt mokieren können, wie es etwa in dem Film *Wag the Dog* der Fall war. Monica hin oder her, einige genauere Luftschläge wären besser gewesen.

Es war angeblich eine Kinderschaukel, die die amerikanische Regierung vom entscheidenden Schlag gegen die Al-Qaida-Spitze abgehalten hatte: Auf einem der Luftaufklärungsbilder des Camps war deutlich eine Schaukel zu sehen, da schreckten die Sicherheitsberater Clintons vor dem Angriffsbefehl zurück.

Dass es für den jordanischen Tourismus nun nicht aufwärts gehen würde, war jedenfalls zu spüren, und dass die mit den Verträgen von Oslo versprochenen besseren Zeiten für die Region erst mal wieder vorbei waren.

Versinnbildlicht wurde dieses ganze Elend auf unserer Reise durch einen Koch. Er hatte uns spontan ein großes Essen zubereitet, unter anderem gab es eingelegte Wachteln, Tauben und allerlei Spieße. Doch als ich mich dafür bedanken wollte, winkte er nur müde ab: Sei doch alles nichts. Unser Koch kam aus Ägypten und hatte die französische Hotelfachschule in Alexandria besucht, doch einen Job hatte er nur hier, in den europäischen Hotelkästen rund um Petra gefunden. Und die blieben jetzt erst mal leer, über Nacht war alles storniert worden. Er hatte Zeit, über seinem Anisschnaps die grundlegenden Fragen zu erörtern, beispielsweise was wir hier eigentlich wollten. Hier, in der Wüste, wo es nichts gäbe außer Sand und Beduinen, wie er seine Chefs, die jordanischen Hotelmanager, nannte. Wie könne man nur so weit reisen, wo man doch, als Deutscher, das herrlichste Land überhaupt so direkt vor der Tür habe: Luxemburg. Wälder, Wild, Kultur, all das gebe es in Luxemburg, und in seiner Zeit als Koch eines großen Hotels dort habe er auch ein sehr anständiges Letzeburger

Platt gelernt. Und einmal, geriet er in der sternenklaren Nacht von Petra ins Schwärmen, einmal habe es so heftig geregnet, dass er und sein Freund auf einer kurvenreichen Straße nicht mehr rechtzeitig bremsen konnten, als plötzlich ein Reh auf die Fahrbahn lief. Ein Reh, wiederholte er mit glänzenden Augen. Statt das tote Tier ordnungsgemäß zu melden und beim Förster abzugeben, hätten sie es in den Kofferraum geladen und anschließend fachgerecht zerlegt und in einem großen Essen verarbeitet. Das seien Länder!

Er hatte uns im Auftrag der jordanischen Hotelbetreiber auch das Nationalgericht zubereitet, eine deftige Sache aus Lammfleisch und anderen Köstlichkeiten, die, wenn ich richtig verstanden habe, übersetzt wahlweise Explosion oder Hochzeitsnacht heißt. Als ich ihn dafür komplimentieren wollte, murmelte er nur etwas davon, dass Beduinen eben satt werden müssten, den ganzen Tag im Sand mit Kamelen, das sei offenbar sehr ermüdend, er habe keine Ahnung. Dann begannen die Einheimischen mit ihrer Tanzdarbietung, einem scheinbar ungelenken, sehr komischen Männertanz, den der Koch nur mit weiterem Schnaps ertrug.

Jordanien lag, wenn man sich andere Nachrichten betrachtet, keineswegs abseits der Energieströme der Terroristen, sondern mittendrin: Ein großes, blutiges Attentat in Amman wurde von der Polizei vereitelt. Der Sohn des Mentors von bin Laden in Afghanistan, Abdullah Azzam, lebte in Amman. Azzam war unter nie ganz geklärten Umständen ermordet worden. Einer der Verdächtigen war Ayman al Zawahiri. Nach weiteren Al-Qaida-Operationen in Jordanien, besonders nach der sehr grausamen Karriere von al Zarqawi im Irak, der den innermuslimischen Kampf gegen die Schiiten betrieb und theoretisch begründete, und einer großen Operation, die viele zivile Opfer gefordert hätte, ließ Azzam verlauten, es könne ja wohl nicht Ziel des Dschihad sein, so viele Opfer in Jordanien zu produzieren.

Bald darauf bekam er eine CD unter seiner Haustür durchgeschoben, auf der Zawahiri eine Warnung aufgenommen hatte: Man beobachte ihn und er solle solche defätistischen Sprüche lieber sein lassen. Der Dschihad ist letztlich eine Familienangelegenheit.

Doch davon wussten wir bei unserem Rückflug nichts. In den USA weigerten sich damals Passagiere, mit allzu arabisch aussehenden Männern zu fliegen, bei unserem Rückflug war ich der einzige Mann ohne Oberlippenbart, und die Positionsbildschirme der Maschinen zeigten dauernd Mekka an.

Nach meiner Rückkehr nach Berlin sagte ein Kollege, es sei das Pearl Harbor unserer Generation gewesen, passenderweise lief der entsprechende Film im Sommer in den Kinos. Mich hat diese Einschätzung nicht überzeugt. Auch die apokalyptischen Szenen, die Joschka Fischer dann gern ausmalte, habe ich so nicht gesehen, zumal die gruseligste Serie von Anschlägen, die Anthraxbriefe, mit Al-Qaida gar nichts zu tun hatte. Alle Bedrohungen wurden zusammengerührt zu einem Hieronymus-Bosch-artigen Panorama, in dem man nichts mehr erkannte und folglich auch auf nichts mehr reagieren konnte.

Wie auch der Krieg gegen Drogen, die Armut und das Übergewicht war der Krieg gegen den Terror bloß ein Spruch. Kriege gegen Substantive sind nicht wirklich riskant, weil weder Sieg noch Niederlage klar definiert sind. Sie enden nie und dulden keinen Widerspruch, im Krieg ist jede konträre Meinung schließlich Verrat. Darum ist ein Dauerkrieg für viele eine feine Sache, außer für die, die ihn kämpfen müssen.

Dieser Krieg dauert ebenso an wie der Krieg gegen

Drogen und gegen Armut, aber es sind eher eine Art tausendjährige Kriege, von denen man, wie früher die Bevölkerung entlegener Gebiete, mal mehr, mal weniger mitbekommt. Unsere Einschätzung schwankt je nachdem, wie frisch die Erinnerung an Anschläge ist. In den letzten Monaten des Jahres 2008 schienen sie fast wieder zu verblassen. Außer in Afghanistan, wo seit Menschengedenken einfach jede ausländische Armee angegriffen wird, sind keine Attentate zu verzeichnen. Schon begann man sich zu fragen, ob es nur ein böser Spuk war. In Wahrheit ist diese Entwicklung wie die Börse, völlig unberechenbar: Jederzeit kann alles passieren.

Zwei Tendenzen bleiben, von denen wir noch nicht wissen können, welche dominieren wird. Geschichte ist, gerade hier, Zufall: Hätte der Zünder funktioniert, mit dem die beiden Libanesen in einem Regionalzug am Kölner Hauptbahnhof eine Kofferbombe detonieren lassen wollten, wäre es zum schlimmsten Terroranschlag in der deutschen Nachkriegsgeschichte gekommen. In dem Zug saß ein kleines vierjähriges Mädchen aus dem Kindergarten meiner Tochter, dessen Mitschuld an der zionistischen Weltverschwörung, dem Yankee-Imperialismus und dem allgemeinen Unglauben überschaubar war. Wäre dieser Zug also explodiert, hätte dieses Ereignis sicher mein, aber auch das Bild der gesamten deutschen Öffentlichkeit in ähnlicher Weise geprägt wie die bleierne Zeit des Linksterrorismus.

So aber, ein kleiner Fehler, kommt die Sache glücklicherweise auf die langen, staubigen Regale der gescheiterten Attentate. Bloß: Dort stehen zu viele, immer kommen neue hinzu. In London kann man, wie Martin Amis schrieb, an einem Tag manchmal von drei solcher gescheiterter Pläne lesen. Eine Untersuchung des Umfelds der potentiellen

Mörder ergibt dann ein ähnlich erschütterndes Bild wie jenes der Täter vom 7. Juli 2005: Keine Erfahrung von Konflikten der Unterdrückung, kein besonderes religiöses familiäres Umfeld, sondern eins, das solche Gewalt ablehnt und nicht etwa sanktioniert. Keine Perspektivlosigkeit, keine Erfahrung sozialer Ausgrenzung.

Sie waren, wie der deutsche Kopf der Sauerlandgruppe, einfach fanatisiert und bereit, ihr Leben zu geben für – ja, für was eigentlich?

Der Polizei muss das egal sein, die Dienste gehören mobilisiert und die entsprechenden Gruppen infiltriert. Aber die spezifische Öffentlichkeit, das Umfeld stellt diese Frage zunehmend lauter: Was bringt das Morden?

Es hat sich in den Gemeinden selbst etwas verändert. Ähnlich wie beim Linksterrorismus, dessen Exzesse, besonders die Kaperung der »Landshut« und der Sadismus an Bord sowie die Vorführung Hanns Martin Schleyers, die Szene zurückschrecken ließen, was zu einer Reparlamentarisierung des Protests in Gestalt der Grünen führte, wird auch der islamische Terrorismus zu einer intensiveren Auseinandersetzung mit den Muslimen führen. Auch heute macht sich unter Muslimen die Einsicht breit, dass der ewige Dschihad nirgends hinführt und auch die moralische Überlegenheit verspielt, der man sich so sicher wähnte.

Es fügt sich in diesen Prozess, dass auch die Handlungen des Westens im Nahen Osten einer Revision unterzogen werden. In diesem Sinne war das Buch von Jürgen Todenhöfer, *Warum tötest du, Zaid?*, wichtig: Es rückte die Dimensionen zurecht und erinnerte daran, ohne übrigens auf großen Widerspruch zu treffen, dass der Westen das aggressivere System darstellt: Bin Laden hat 5000 Menschen getötet, Bush mehrere hunderttausend.

Die unschuldigen Opfer und vor allem der Überdruss damit, immer als die Verlierer dazustehen, die nur einer

größeren Macht den Vorwand liefern, sich weiter aus-
zudehnen, führte allerdings schon früh zu einer Entsolida-
risierung gerade der islamischen Mittelschichten mit dem
Scheich.

Das belegte der sehr eindrucksvolle offene Brief eines
pakistanischen Geschäftsmannes an Osama vom Winter
2001, in dem er dem Al-Qaida-Chef vorwarf, mit seiner
heillosen Aktion, die keinen zweiten Schritt und kein
taktisches Ziel kannte, den Amerikanern einen Vorwand
gegeben zu haben, sich in Pakistan und Afghanistan nie-
derzulassen.

Der Brief kam politisch-religiös nicht von einem ganz
entlegenen Standpunkt, aber aus ihm sprach schon damals
eine klare Desillusionierung: Al-Qaida hat seiner Gefolg-
schaft nichts zu bieten außer Not, allen anderen die Scham
über das Töten Unschuldiger. Die Distanzierung auch
frommer und politisch engagierter Muslime von Al-Qaida
ist ein deutliches, aber in den Medien nur schwer wieder-
zugebendes Phänomen.

Ich machte diese Erfahrung im Umgang mit Tariq
Ramadan, dem Enkel des legendären Gründers der ägyptischen Muslimbruderschaften Hassan al Banna.

Ich habe ihn, zu meiner eigenen Schande muss ich es
gestehen, überhaupt erst durch seinen Fernsehauftritt 2003
mit bzw. gegen Nicolas Sarkozy kennengelernt.

Dort hat er, in der großen Livesendung *100 Minutes
pour convaincre*, mit dem damaligen Innenminister eine
recht hitzige Auseinandersetzung, von der ich aber überhaupt nur einen flüchtigen Ausschnitt gesehen habe, wenn
es nicht bloß die Wiederholung eines Ausschnitts war.
Jedenfalls sah ich, wie Sarkozy, in seiner nun bekannten,
hypernervösen, bedrängenden Art, die auf keiner Strategie
fußt, sondern lediglich taktische Punktsiege kennt, auf ihn
einredete. Es ging um das Kopftuch, jenes Stück Stoff, auf

das sich in Frankreich aller Eifer konzentriert. Ramadan hielt das Bedecken des Haares für nicht verhandelbar, das sehe der Koran nun mal so vor, da könne man nichts machen.

»Reicht eine Bandana?«, fragte Sarko – so ein buntes Tüchlein ist schließlich weniger ein deutliches politisches Zeichen als ein cremefarbener oder gar schwarzer Hijab. Ramadan blieb bei der Sache und bestätigte: Klar, Bandana reicht auch.

Lange Zeit hatte ich es als beklemmend empfunden, dass der Islamismus keinen öffentlichen Vertreter hatte, weniger im Sinne einer Amtskirche als jemanden, der an Debatten, Diskussionsveranstaltungen teilnehmen könnte, eine Art Verhandlungspartner aber auch, einen Blitzableiter, der sich in seiner Argumentation nicht bloß auf den göttlichen Willen und das Jenseits bezöge.

Einer mit einem Namensschild an der Tür, der nicht gleich von Blut und Rache schwafelte.

Tariq Ramadan gibt sich medienaffin, trägt keine arabischen Gewänder und nicht mal einen Bart. Eine gewisse, von ihm durchaus bewusst eingesetzte Smartheit machte ihn zugleich aber auch verdächtig.

Es dauerte dann noch eine ganze Weile, bis ich Tariq Ramadan persönlich traf. Diverse Anfragen über seine Websites blieben zunächst unbeantwortet, auch an der Universität Fribourg, wo er damals einen Lehrauftrag versah, bekam ich niemanden ans Telefon. Meine Anfrage hatte gelautet, ob es möglich wäre, Ramadan auf seinen Vortragsreisen durch die Banlieues zu begleiten, ohne Beschränkungen. Die Antwort schließlich, per E-Mail, fiel denkbar knapp aus: Im Prinzip einverstanden. Lediglich die Daten galt es noch zu klären.

Bevor ich die ausgearbeitet hatte, fiel mir auf, dass bereits das Einstein Forum in Potsdam, jenem gewohnt fixen

Institut, das mehr zum intellektuellen Leben der Hauptstadt beiträgt als manche Universität, Ramadan eingeladen hatte.

Es gab an jenem Tag eine phantomhafte Minidemonstration einer Gruppe von selbsternannten Israelfreunden, die den Auftritt von Ramadan stören wollten. Ramadan war in Frankreich in Misskredit geraten, als er Bernard-Henri Lévy, André Glucksmann und Alain Finkielkraut vorwarf, sich mehr für ihre jüdische Gemeinschaft zu sorgen als für das allgemeine Ganze. Sein Vorwuf des *repli communautariste* wurde als kaum verhohlener Antisemitismus nach dem Motto gelesen: Sie geben sich als Franzosen, gehorchen aber eigentlich der zionistischen Weltverschwörung.

Nun gehört es zu den ironischen Volten dieser Geschichte, dass ich Ramadan nicht, wie eigentlich von mir vorgeschlagen, in einer Moschee oder einem islamischen Studienzentrum begegnete, sondern in einem Institut, das von einer jüdischen Amerikanerin, Susan Neiman, geleitet wurde. »Tariq Ramadan hat Ärger mit gewissen Intellektuellen, mit denen ich selbst schon meine Meinungsverschiedenheiten hatte. Das ist doch kein Grund, ihn nicht einzuladen. Und wenn er die Herren als jüdische Intellektuelle bezeichnet hat, dann entspricht das einfach den Tatsachen. Und weder der eine noch der andere Begriff ist ein Schimpfwort.«

Die vermummten Demonstranten fuchtelten nur kurz vor dem Forum am Alten Markt in Potsdam herum. Als Neiman ihnen anbot, dem Vortrag von Ramadan zuzuhören und dann ihre Fragen an den Referenten zu stellen, ergriffen sie die Flucht. »Eine eurer Israelfahnen könnt ihr mir gern dalassen! Ich habe selbst einen israelischen Pass!«, rief sie ihnen hinterher.

Zum Thema Antisemitismus hat sich Ramadan sehr deutlich vernehmen lassen:

»Muslime müssen, im Namen ihres Glaubens und Gewissens, klar Stellung gegen antisemitische Gerüchte beziehen. Nichts im Islam kann Fremdenfeindlichkeit oder die Ablehnung einer Person bloß aufgrund ihrer Religion oder Herkunft rechtfertigen. Mit aller Kraft und Entschlossenheit müssen wir sagen, dass Antisemitismus inakzeptabel und nicht zu verteidigen ist. Die Botschaft des Islam verlangt im Gegenteil den Respekt vor der jüdischen Religion und Spiritualität, die dort als edler Ausdruck der Menschen des Buches gewertet werden.«

Ich sah keinen Grund, mich nicht mit Ramadan zu treffen. Überhaupt ist es ein Privileg der Journalisten, sich auch mit solchen Leuten zu treffen, die suspekt oder sogar *off limits* sind. Es ist ja kein privater Kontakt, man will etwas wissen.

Trotzdem geschieht es selten, dass ein Interview, mit der ehrlich erstaunten Frage des Interviewten beginnt: Durften Sie mich denn einfach so treffen?

In der Tat waren allenthalben so viele Vorbehalte gegen Ramadan öffentlich geworden, sowohl in Frankreich als auch in der Schweiz, wo sein Bruder Hani die Ausweisung riskierte, nachdem er die Steinigung von Ehebrecherinnen verteidigt hatte, dass zu Recht angenommen werden konnte, dass alle Geheimdienste der Welt sein Mobiltelefon abhörten.

Als Enkel des Gründers der ägyptischen Moslembrüder ist Ramadan Teil der dschihadistischen Großfamilie: al Zawahiri war ein Moslembruder, ebenso Sayad Qtub und Abdullah Azzam.

In Frankreich und der Schweiz speisen sich viele Vorbehalte gegen Ramadan aus dieser familiären Verbindung, dem umstrittenen Großvater. Dieses Argument war in

Deutschland allerdings ein Problem, denn wenn man nur noch mit Leuten reden sollte, deren Großväter sich stets völlig gewaltfrei, judenfreundlich und demokratisch verhalten haben, könnte man gleich ein Schweigegelübde ablegen. Wobei es durchaus möglich ist – siehe die geheimen Kontakte zwischen Zwahiri und dem Sohn von Azzam –, dass es noch fortbestehende Kommunikationswege in der weiten Familie des Islamismus gibt.

Wichtiger ist aber, dass Ramadan die Freiheit, die ihm das Leben in der Schweiz bietet, wertschätzt. Ein Aufenthalt nach seinem Studium in Ägypten, einst das Land seiner Sehnsucht, hat ihm schnell klargemacht, wie sehr er nach Europa gehört.

Ramadan möchte, wenn ich ihn richtig verstehe, die europäischen Freiheiten dazu nutzen, dem Islam ein zeitgemäßes, ansprechendes Gesicht zu verleihen.

Man muss nicht viel hineingeheimnissen: Er ist eben ein von Eitelkeit nicht freier Zeitgenosse, der es über hat, seine Glaubensbrüder auf der Verliererseite der Geschichte zu sehen. Sein Bemühen läuft darauf hinaus, den Islam von der Beduinenkultur der Arabischen Halbinsel des 7. Jahrhunderts zu lösen und den heutigen Verhältnissen anzupassen.

Er steht daher für eine wesenstreue, nicht eine wortgetreue Umsetzung des Korans. Im Fall der Körperstrafen wie der vorgesehenen Steinigung bei Ehebruch plädiert er für eine differenzierte Lesart und verweist auf die absurd hohe Zahl der Augenzeugen, die vor der Verhängung dieser Strafe vorgesehen sind: sieben. Wann, fragt er, gibt es bei Ehebruch schon sieben Augenzeugen? Natürlich nie. In Wahrheit sollte diese, damals auf der Arabischen Halbinsel übliche Strafe in der Praxis gar nicht verhängt werden.

Dass die in den alten Gesetzestexten aufgeschriebenen Körperstrafen und die Strafpraxis keinesfalls dasselbe sind, ist ein mir aus der frühneuzeitlichen Geschichte Europas bekannter Gedanke. Die europäischen Strafgerichtsordnungen sahen jede Menge schrecklicher Strafen vor, die in Wahrheit nie vollstreckt wurden, wie mein Doktorvater Richard van Dülmen in Auseinandersetzung mit Michel Foucault nachgewiesen hat.

Die Gegner Ramadans verlangen von ihm ein Verbot der Steinigung, eine Unterbindung dieses Verbrechens gegen die sexuelle Selbstbestimmung der Frau. Er ist für ein Moratorium, für eine Aussetzung der Steinigungen bis zu einer Klärung der strittigen theologischen Frage. Jeder vernünftige Nichtmuslim würde auf einem Verbot bestehen. Dazu sagt Ramadan ganz pragmatisch: Wenn man auf mich hört, und dafür gibt es sehr gute Chancen, enden die Steinigungen sofort. Dann beraten wir Korangelehrten. Wenn Stimmen von außen lieber das völlige Verbot wollen, so enden sie erst einmal gar nicht. Sicher gibt es kritische Muslime, die unserer liberalen Öffentlichkeit lieb und teuer sind, aber, fragt Ramadan: Wie viele kommen denn zu deren Veranstaltungen? Bei ihm sei der Laden voll.

Im Einstein Forum legte er seine Pläne für eine theologisch fundierte Erneuerung dar, die zeigen sollte, dass sich der Koran eben auch auf die Verhältnisse des heutigen Europas transferieren lässt. Das wird nicht ohne Konflikte gehen, Ramadan ist nicht naiv, aber vor die Wahl gestellt, eine Schülerin mit Kopftuch zu Hause oder mit unbedeckten Haaren in die Schule gehen zu lassen, plädiert er: Auf jeden Fall in die Schule!

Überhaupt warnt er seine eifrigen Zuhörer in den Banlieues davor, sich in eine Zwangsvorstellung bezüglich des Reinen und Unreinen zu manövrieren: »Entwickelt keine Obsession mit dem, was *halal* und *haram* ist.« Ein Tipp, der im Übrigen auch für die Beobachter der Muslime gelten sollte.

Die Diskriminierung von Frauen und Mädchen sieht Ramadan als »das größte Problem im heutigen Islam«. Er zählt das zu zahlreichen traditionellen Erblasten der damaligen Gesellschaft, die aber von der religiösen Botschaft des Korans zu trennen seien. Viele seien verabscheuungswürdig, insbesondere die Genitalverstümmelung: »Wer so etwas macht, kann sich nicht auf den Islam berufen.«

Solche klaren Aussagen sind seiner Kritikerin Caroline Fourest wiederum »zu plakativ«, sie vermutet da ein reines Lippenbekenntnis für europäische Zuhörer.

Ich habe Ramadan in den folgenden Jahren immer wieder getroffen. Einmal hatte ihn der WDR zu einer Runde über Migration geladen, die er wegen seiner spezifischen Intensität natürlich sprengte. Mit gut meinenden Multikultiaktivisten hat er nichts am Hut, er will schon, dass seine Religion, ihre Repräsentanten, gut dastehen. Er will nicht, dass sie sich in Folklore auflösen, sondern neue Tiefen gewinnen, um sich in Europa besser zu verankern. Darum erfordert und verlangt ein Auftritt von ihm auch eine große Vorbereitung vonseiten der anderen Teilnehmer oder des Fragenstellers. Er ist alles andere als ein Leichtgewicht, und das soll sich herumsprechen: »Studiert uns. Wir sind ebenso komplex wie ihr. Studiert uns«, sagt er, »sonst sind wir alle verloren.«

Die ewige Frage der Integration zwischen Assimilation und Ghettoisierung, die in der Öffentlichkeit seit Jahrzehnten herumgeistert, hat er für sich längst entschieden: Die europäischen Muslime sind integriert. Er meint nicht, dass es keine Probleme mehr gibt, sondern dass die bestehenden Probleme eben hiesige, europäische Probleme sind, die es auch hier zu lösen gilt. Unterdessen würden die Muslime aber in der Gesellschaft funktionieren und sich nach ihr richten, an eine Rückkehr irgendwohin ist im Ernst nicht zu denken. Den Islam als weiteren Glauben in Europa zu etablieren, dahin geht seine Mühe, die die Versprechen auf Religionsfreiheit ernst nimmt und sich bemüht, die frommen Muslime nach vorne zu bringen.

Ramadan braucht sich um Gegner nicht zu sorgen. Wie in einem Agatha-Christie-Krimi kämen, wenn er einmal tot in der Bibliothek läge, ein gutes Dutzend möglicher Verdächtiger in Frage. Die, an die man am wenigsten denken würde, sind aber die streng salafistischen arabischen Regime, allen voran die Saudis. In Ägypten, Tunesien und Saudi-Arabien hat Ramadan Einreiseverbot. Die Dienste dieser Staaten, die ja alle mit dem Westen kooperieren, versorgen wiederum die französischen Geheimdienste mit Material und Warnungen über einen Mann, der vor allem den bei ihnen herrschenden Steinzeitislam bedroht. Das führt etwa in afrikanischen Staaten dazu, dass die Regierungen auf Druck der Franzosen Ramadans Kampagne gegen Genitalverstümmelung unterbinden und die düsteren Positionen der saudischen Charities ungehindert weiter verbreitet werden. So geht im »Großen Spiel« um Machtzonen und Einflusssphären der Gehalt der europäischen Werte unter. In vielen Ländern tritt unsere Diplomatie bloß als Freund und Förderer der ärgsten Despoten auf, an einer wirklichen Weiterentwicklung des Islam ist bei uns ja auch niemand interessiert. Wird schon egal sein, was drinnen passiert, wenn draußen der gute Name unserer saudischen Freunde draufsteht, wie bei der König-Fahd-Akademie bei Bonn, in der, wie investigative Journalisten aufgedeckt haben, die ärgsten antisemitischen Klischees und dschihadistischen Aufrufe Verbreitung fanden, stets mit dem Stempel der staatlichen Anerkennung vom Schulamt Köln.

Immer wieder kommt dann auch der Vorwurf der Taqqyia, der nach der Lehre Mohammeds erlaubten Verstellung. Damit schließt man den meinetwegen frommen und eifrigen, aber friedlichen und gesetzestreuen Muslim eben von jener öffentlichen Sphäre aus, die doch nach unseren Grundprinzipien allen freistehen. Wie soll jemand nachweisen, nicht doppelzüngig zu reden? Das ist unmöglich, es können lediglich andere seine diversen Aussagen prüfen. Wie ich schon bei meinem ersten Kontakt zu Ramadan feststellte, gab es keine Vorbehalte, mich auch zu solchen Veranstaltungen mitzunehmen, zu denen sich Nichtmuslime sonst eher nicht verirren. Aber sicher, die Möglichkeit besteht theoretisch, dass er mir bei jeder unserer Begegnungen oskarreif den engagierten Muslim vorgespielt hat und in Wahrheit nur an Mord und Totschlag denkt. Aber einen Beweis gibt es dafür bislang nicht.

Andere haben Ramadan natürlich weit gründlicher unter die Lupe genommen als ich.

Ian Buruma, der ein Buch über die Ermordung Theo van Goghs geschrieben hat, hat sich für das Magazin der *New York Times* intensiv mit dem Fall Ramadan befasst und nichts zutage gefördert, das ihn diskreditieren würde. Er empfiehlt, ihn als Gesprächspartner ernst zu nehmen.

Mir leuchtet ein anderer Gedanke ein: Islamisten schämen sich nicht, Islamisten zu sein. Auf der Karikaturendemonstration in Berlin etwa fanden sich ohne Probleme Leute, die einem ins Gesicht sagten, was mit dem Westen und Israel passieren sollte, und zwar nichts Gutes.

Islamisten schämen sich nicht, Islamisten zu sein. Und Tariq Ramadan schämt sich nicht, Tariq Ramadan zu sein: Welchen Grund sollte es für ihn geben, insgeheim eine Agenda zu verfolgen, die so viele verfolgen, die ebenfalls in den Medien vorkommen?

An einem Abend in Berlin gastierte Ramadan an der Humboldt-Uni. Der Gegenwind war stärker geworden, er sah blass aus. Durch die Zeitungen ging damals die Meldung vom niederländischen Einbürgerungstest, bei dem

Migranten sich einen Film mit freizügigen Szenen ansehen mussten und zu ihrer Einstellung gegen Homosexuelle befragt wurden. Es richte sich immer nur gegen eine bestimmte Richtung, stöhnte Ramadan, von Gleichbehandlung könne keine Rede sein.

Erst als ich bemerkte, auch der Papst hätte mit dem Test seine Schwierigkeiten, es sei doch möglich, dass die Niederländer beispielsweise die verhassten Wallonen draußen halten wollten, lockerte sich die Stimmung etwas.

Was für eine Chance Tariq Ramadan darstellt, merkt jeder, der in einer Runde von Muslimen mal seinen Namen fallen lässt. Ob türkische Moscheereferentin, Fernsehjournalistin aus den Golfstaaten oder ägyptischer Journalist – plötzlich spitzen alle die Ohren. Etwa bezüglich der Kopfbedeckungen, dass die Mädchen eher zur Schule gehen sollen, als bedeckt zu Hause zu bleiben, oder dass eine Bandana reiche. Die Bemerkung, dass Ramadan das gesagt habe und dass man ihm schon mal begegnet sei, genügt, um den Status beträchtlich zu erhöhen: Plötzlich wird man ernst genommen.

Denn nicht nur wir staunen manchmal über die seltsame Weltsicht, die in den berühmten *Arab streets* herrscht, auch umgekehrt wird es nicht ohne Komik abgehen, wenn nichtmuslimische Europäer so ihre Vorstellungen über diese Religion kundtun. Unvergesslich ist mir ein Nachmittag im französischen Ferienhaus des lange Zeit unangefochtenen Orient- und überhaupt Allroundexperten Peter Scholl-Latour. Dauernd rief die *Bild-Zeitung* an, weil sie unter Druck frommer Muslime geraten war: Kinder, ich hab euch doch gesagt, keine Abbildung des Propheten. Was habt ihr da nur gemacht? Bei einem abermaligen Anruf erklärte er wie für Kinder und sicher zum x-ten Mal den Unterschied zwischen Sunniten und Schiiten.

Ohne eine tragende Stimme innerhalb der weltweiten Gemeinschaft der Muslime wird sich dort nichts ändern. Beeinflussungen von außen sind nicht völlig wirkungslos, aber in ihren Auswirkungen kompliziert zu berechnen.

Als Deutscher prägt natürlich die Erfahrung mit Michail Gorbatschow die Sicht auf Reformprozesse, die manchmal eben doch von oben gelingen. Aber ob das hier die passende Analogie ist?

Ramadan saust einstweilen über den Kontinent, als habe er nicht viel Zeit. In Frankreich ist er *persona non grata*, zumal er sich mit Sarkozy gestritten hat. In Großbritannien sollte er die Regierung beraten, auch in Deutschland und den Niederlanden ist er häufig.

Von dort erklang auch eine ganz andere Stimme, komplementär zu der Ramadans. Es war ja eigentlich großer Zufall gewesen, dass Ayaan Hirsi Ali in den Niederlanden Asyl gefunden hat, es hätte auch Bonn sein können, wo sie den Nachtzug bestieg. Den Weiterflug zu dem ihr zugedachten Mann nach Kanada ließ sie verfallen und die Ehe gleich mit. Wie so oft in den Geschichten rund um den Islamismus hatte kein europäischer Mensch im Blick, was sich hier entwickelt.

Und wie auch? Kein Studium und keine politische Weitsicht hätten die niederländischen Eliten darauf vorbereiten können, einmal am Hauptbahnhof nach mittellosen ostafrikanischen Flüchtlingen zu schauen, ob da nicht jemand dabei ist, der das Land erschüttern wird.

Unmittelbar nach dem Mord an Theo van Gogh hörte ich ihren Namen zum ersten Mal, da der Mörder auch und sogar eigentlich ihr den Tod zugedacht hatte. Bloß stand sie damals schon unter Polizeischutz.

»Sie hat uns«, erzählt van Goghs Freund, der Filmemacher und Schriftsteller Theodore Holeman, »immer wieder

vor der Gewaltbereitschaft der Islamisten gewarnt, aber
Theo und ich, wir haben uns darüber nur amüsiert. Wie
konnten die bärtigen Männer in der langen Tracht uns
gefährlich werden? Zum einen rennen wir ja schneller als
die mit ihren hochgezogenen Gewändern, selbst wenn die
dann mit dem Dolch fuchteln.«

Die Einzige, die damals recht hatte, war Ayaan. Außer
ihr hatte sich in den Niederlanden niemand eine solche
che Gewalttat vorstellen können. Sie konnte es, weil sie
die andere Seite eben besser kennt als jeder andere. Sie
war selbst, wie sie in ihrer lesenswerten Autobiographie
schreibt, unter den Einfluss einer charismatischen und eleganten Islamistin, einer Lehrerin geraten, brannte vor reli-
giösem Eifer und hatte den antisemitischen und blutrünstigen Gehalt der islamistischen Lehre verinnerlicht. Sie
bezog diese Hassdoktrin aus einer wörtlichen Lektüre des
Korans: »Ich hätte selbst Mohammed Atta sein können«,
lautet ihr eindringliches Bekenntnis.

Meine erste Begegnung mit ihr war auf einer Pressekonferenz in Berlin im Zuge des Karikaturenstreits. Der
Saal war streng bewacht, Personen- und Taschenkontrolle
waren vorgesehen. Der Auftritt von Ayaan entsprach so
gar nicht der verfrorenen, ängstlichen und insgesamt ori-
entierungslosen Reaktion der europäischen Öffentlichkeit.
Denn während einige Stimmen die Pressefreiheit bedroht
sahen und sich instinktiv an die Seite des dänischen Blattes
stellten, fanden andere, wie etwa Günter Grass, ein rechts-
extremes dänisches Blättchen habe da bewusst provozieren
wollen. Es war nicht ganz klar: Ist die Meinungsfreiheit
der dänischen Zeichner bloß die allzu gut bekannte Freiheit, einen Schwarzen einen Neger, einen Homosexuellen
eine Schwuchtel und einen Juden einen Drecksjuden zu
nennen? Oder hatten wir einen zweiten Fall Rushdie?

Ayaan Hirsi Ali hielt sich nicht mit Skrupeln auf. Sie

lobte in Berlin die harte Reaktion des dänischen Premierministers und kritisierte zugleich ihren eigenen: »Ich wünschte, mein Premierminister hätte so viel Mumm.« Ein Premier, dessen Regierung für ihren Schutz zahlte, wohlgemerkt. Wobei die niederländischen Sicherheitsdienste damit ihre liebe Mühe hatten, das kleine Land ist gar nicht darauf ausgerichtet, jemanden so gründlich zu verstecken, wie es nötig gewesen wäre. Sie forderte weiter einen harten Kurs und bezeichnete den Propheten Mohammed, um die Lage etwas zu entspannen, als notorischen Kinderschänder, sei doch seine letzte Ehefrau erst neun Jahre alt gewesen.

Sie hatte sich vom Islam losgesagt, weil sie eben nicht, im Unterschied zu Tariq Ramadan, die kämpferischen Formulierungen auch auf abstraktere Begriffe bezogen sieht, sondern die wortwörtliche Lektüre erfahren und erkannt hat.

Im Interview konnte ich die Frau, die ungefähr in meinem Alter ist, näher studieren. Der immense Druck und die ja nicht eben theoretische Gefahr, Opfer eines Attentats zu werden, schienen sie gar nicht zu erreichen. Von ausgesucht eleganter Kleidung und perfekter Haltung fand sie einen Ton und Formulierungen, die in ihrer Deutlichkeit und Erhabenheit sonst nur Staatsmännern und -frauen eigen sind.

Sobald man auch nur den Anschein einer kulturrelativistischen Haltung annahm und etwa nachfragte, ob nicht der Sprung von einer wortwörtlichen Lektüre des Korans zu einer völligen Dekonstruktion der Person Mohammeds etwas viel sei, oder so ähnlich, schoss sie zurück: Halten Sie die Araber, die Muslime für Schafe? Die nicht klar denken können, sondern nur vorgegebenen Mustern folgen?

In den Niederlanden kam diese klare Haltung nur bedingt gut an. Auf einer Reise zu Personen, die sie in ihrer niederländischen Zeit geprägt und gekannt hatten, bekam ich, außer von Theodore Holeman, Leon de Winter und dem später durch seinen krassen Internetfilm Fitna bekannt gewordenen Islamhasser Geert Wilders eigentlich nur Absagen. Weder Nelly Kroes noch Frits Bolkestein, weder Paul Scheffer noch der Amsterdamer Bürgermeister hatten einige Minuten, um über die prominente und allzu heldenhafte Mitbürgerin zu sprechen.

Gegen alle Entschuldigungen führte sie ihre Geschichte an: Obwohl man sie mit den härtesten ideologischen Stoffen großgezogen hat, kann sie doch den unermesslichen Vorteil darin erkennen, sich frei und ungezwungen in den Niederlanden zu bewegen, alleine zu wohnen, Karriere zu machen und sich zu kleiden, wie sie möchte.

In diesem einen Punkt trifft sich Ayaan Hirsi Ali mit Tariq Ramadan − freilich nur in diesem. Auf ihn angesprochen, hält sie sich weder mit Verurteilungen noch anderen Erwägungen auf, sondern sagt schlicht: *I'm sorry. I don't trust him.*

Ihr Unterschied liegt darin, wie sie in Europa wirken wollen: Die eine erinnert die Europäer an ihre wesentlichsten Werte und Verpflichtungen: jene zu schützen, die ihre Meinung sagen wollen, und jene zu verfolgen, die morden und einschüchtern. Manch eine Regierung wird weich in den Knien, Ayaan erinnert daran, warum man standhaft bleiben muss.

Man möchte sich im Übrigen nicht ausmalen, was geschehen wäre, wenn Ayaan Hirsi Ali nicht den Zug nach Amsterdam genommen hätte, sondern in Bonn geblieben wäre. Wie hätte es etwa die *Bild-Zeitung* bewertet, wenn der deutsche Steuerzahler den Rund-um-die-Uhr-Schutz einer Ausländerin zu zahlen hätte, die an Kompromissen und runden Tischen kein Interesse zeigt, sondern, wenn der Druck zunimmt, eher noch fordernder wird?

Die Sicht des Opfers – damit ist nicht nur die Miss-
handlung, die Genitalverstümmelung, die arrangierte Ehe,
sondern auch die jahrelang anhaltende Todesdrohung ge-
meint – ist unverzichtbar, wenn man eine Gesamtschau des
Themas Islamismus vornehmen möchte. Es waren Frauen
wie Hirsi Ali, aber auch wie Necla Kelek und Seyran Ates
in Deutschland, die den fundamentalen Widerspruch der
Frauenunterdrückung unter Berufung auf den Koran zur
freiheitlichen Grundordnung in das Zentrum der öffentlichen Debatte gerückt haben. Die zahlreichen Staatsmänner jeglicher Couleur bei den Potentaten ölproduzieren-
der oder sonst wie tausendundeinenachtmäßiger Staaten
haben sich nie dran gestört.

Die kritischen Einlassungen der erwähnten Männer und
Frauen zum Islam in Europa sind jedenfalls schon jetzt einer der vitalsten und anregendsten intellektuellen Impulse
der letzten Jahre in Europa und stellen gegenüber all der
Sorgen, die mit der schlecht gemanagten Zuwanderung
verbunden sind, ein echtes Plus der ganzen Sache dar.

Beide, Tariq Ramadan und Ayaan Hirsi Ali, haben den
Islam von Jugend an in den Mittelpunkt ihres Lebens gestellt, Tariq als Erbe eines ambitionierten und über alle
Länder reichenden Netzwerks mit dem Auftrag, dem Islam zu neuem Glanz zu verhelfen, Ayaan umgekehrt als
Opfer gewalttätiger Lehrer und einer despotischen Kultur,
die einem Mädchen den Status eines gelehrten Haustiers
zubilligte und für die der Islam eine Erhöhung bedeutete.
Europa kann von beiden nur profitieren. Letztlich sind
wir auf die Menschen aus muslimischen Familien und auf
fromme Muslime angewiesen. Die Veränderungen können
nur von innen erfolgen, aber sie werden erfolgen. Ein sehr
interessantes Projekt ist die Quillian Foundation in Großbritannien, die sich mit großer Resonanz darum kümmert,
Jugendliche vor dem Abdriften in den radikalen Dschiha-

dismus zu bewahren bzw. zum Ausstieg zu bewegen. Einer der Gründer ist Ed Husain, der mit seinem Bekenntnisbuch die Mechanismen beschrieben hat, die zu immer weiterer Radikalisierung führen. Letztlich ist es eine Sektenlogik, aus der die Betroffenen nur schwer von alleine herausfinden.

Dass Muslime den Tod mehr lieben als das Leben, sollte man den Terrorpropagandisten nicht abnehmen.

Die Anstrengung einzelner Mitglieder der muslimischen *Community* muss in der liberalen Öffentlichkeit, unter Nichtmuslimen, eine Entsprechung erfahren. Islamismus ist ein ernstes Problem, wird nicht von allein verschwinden und macht Arbeit. Das erfordert eine Umstellung unserer Wahrnehmung und *last not least* auch der Verwaltungen. Larry Wright, der charismatische und brillante Autor von *Der Tod wird euch finden* hat das in folgender Geschichte deutlich gemacht. Bei einem Besuch in der Zentrale der amerikanischen Bundespolizei FBI fielen ihm die zwei Sorten Namensschilder auf, entweder irisch oder italienisch. Da war ihm klar, warum es gelang, sowohl die Mafia als auch die IRA auf dem Gebiet der Vereinigten Staaten in Schach zu halten. Eine Rekrutierung von Agenten aus arabischen oder nahöstlichen Ländern ist unausweichlich, will man mit der Bekämpfung des kriminellen Kerns langfristig Erfolge erzielen.

Zugleich müssen wir im Blick behalten, was der Radikalisierung Nahrung gibt. Denn es ist ja lobenswert, wenn Bush in einer Rede ankündigt, die Demokratisierung des Nahen Ostens betreiben und keine despotischen Regimes in der Region mehr dulden zu wollen, zugleich aber in viel zu vielen Fällen den Tod unschuldiger Araber und Afghanen verursacht. Wie viele Hochzeitsgesellschaften sind in Afghanistan eigentlich schon zu Tode gekommen seit Beginn des Krieges?

Irgendwann erhob ich mich und verließ den Stadtteil Herrensohr. In der Fußgängerzone von Dudweiler fand ich dieselbe Lebendigkeit und Unkompliziertheit, die ich schon seit der Kindheit kannte. Der Innenhof schien Lichtjahre entfernt, obwohl ich nur zehn Minuten gebraucht hatte. Der ganze Ausflug erinnerte mich an eine seltsame Recherche, die ich einmal in Paris unternommen hatte. Ich wollte wissen, was es mit den »Marabu« auf sich hatte, die an gewissen Métrostationen ihre Karten gegen Liebeskummer, Geldsorgen und Ähnliches verteilen. Ich begab mich zu den jeweiligen Adressen und fand eine seltsame Welt mitten in Paris, zweite und dritte Hinterhöfe, in denen sich der Müll und Bauschutt stapelten, und nahezu leere Wohnungen, in denen junge schwarze Männer die Tür öffneten und vor Stress zitterten: Dass mitten am Tag ein Weißer mittleren Alters in der Tür stand, das hatte nichts Gutes zu bedeuten. Ich fragte höflich nach dem Marabu und seinen überirdischen Kräften, aber alle schauten mich an, als habe ich den Verstand verloren. Sie waren nur zu freundlich, es mir ins Gesicht zu sagen.

Manchmal notierten sie sich meine Rückrufnummer, aber ganz offensichtlich hatte ich etwas völlig falsch verstanden. Es ging, so habe ich es mir dann zusammengereimt, um illegale Arbeitsverhältnisse für Menschen ohne Papiere, ein seltsames Netzwerk zwischen Kriminalität und letzten Hoffnungen, im Schatten unserer Wahrnehmung. Der Zauber Afrikas hatte gar nichts damit zu tun.

So wie die Sache, die mich in die Parallelwelt des Hinterhofs geführt hatte, vielleicht mit einer Sektenlogik, aber nichts mit einem amtlichen Gott zu tun hatte. Und eigentlich auch nichts mit Dudweiler, wo man sich auf den Dudonnerstag freute, Datum des Dudofestes.

MONEY SHOT IN DER WOLFSSCHANZE
Wie bewältigen wir die Nazi-Bewältigung?

Es regnete in Strömen, aber das machte den Prostituierten natürlich nichts aus. Sie saßen in ihren sanft erleuchteten Stuben und baten uns eindringlich herein. Drei junge Männer in der ansonsten völlig leeren Dortmunder Rotlichtgasse, da müsste sich doch ein Geschäft machen lassen. Sie konnten ja nicht wissen, dass wir nur durch Zufall und dem Stadtplan folgend in ihren Einzugsbereich gekommen und auf einer moralischen Mission unterwegs waren. Unsere Aufmerksamkeit galt einem Teil des Güterbahnhofs, an dem für viele deutsche Juden ihre Reise in die Lager im Osten begann. Es windete, Andreas, der Leiter unserer kleinen Expedition, musste uns die Örtlichkeiten noch lauter erklären. Wir standen mit dem Rücken zu den Schaufenstern und suchten nach möglichen Ausschnitten, die sich im Film gut machen würden.

Wir waren nach Dortmund gereist, um einen deutschen Auschwitzüberlebenden zu treffen und einen Dokumentarfilm über sein Leben zu planen. Es war die Zeit vor den DV-Kameras, und so ein Film war ein echter Angang, zumal der Initiator des Projekts, den ich aus dem politischen Umfeld kannte, gerne groß dachte. Einen Kommilitonen, der uns netterweise in einem ebenfalls von einem netten Menschen geliehenen alten Auto (er sollte es nie wiedersehen) durch Deutschland zu fahren bereit war, stellte er allen Gesprächspartnern kaum mit Namen, aber deutlich als »unser Kraftfahrer« vor. Ich war sein Assistent oder wahlweise der historische Berater. Dass mein Schwerpunkt in der frühneuzeitlichen Geschichte und nicht in den Holocaust Studies lag, brauchte ja niemanden zu interessieren.

Unser Protagonist, den wir am folgenden Tag aufsuchten, war über den Film einerseits erfreut: Er stellte uns Tonnen von Material zur Verfügung und ließ sich sehr deutlich und in großer Präzision über das Leben im Lager und die Zwangsarbeit vernehmen. Andererseits war es ihm völlig gleichgültig. Sein Problem war der Wecker. Jeden Morgen hat er ihn sich auf kurz vor vier gestellt. Um diese Zeit kamen die Träume. Morgens war es der Schrei »Das ist mein Brot!«, zu dem er wach wurde. Nun stand er auf, bevor die Traumphase kam.

Wir waren zwölf Stunden später, zur Kaffeeklatschzeit verabredet, eine typische Ruhrgebietswohnung mit Schrankwand und Sitzecke. Er begrüßte uns in der Art alter Kommunisten, der linke Glaube hatte ihm, so erklärte er es uns, in Auschwitz das Leben gerettet. Jung, stark und aus dem deutschen Westen stammend, hatte er sofort Anschluss in entsprechenden Netzwerken gefunden, und das rettete ihm das Leben. Seine Tirade gegen andere Mithäftlinge, vor allem die Ostjuden, war für uns, die jede Bemerkung zum Thema als typische in den sechziger Jahren geborene, linksliberale deutsche, umständlich prüften, verblüffend krass. Aber klar: Der nationalsozialistische Rasseapparat hatte Menschen auf ihre Religion und Herkunft reduziert und zusammengewürfelt, die sich ansonsten nie begegnet wären. Dass sie aufeinander losgingen und sehr oft der Tod des einen die Bedingung für das Überleben des anderen war, das war Teil der diabolischen Versuchsanordnung, die den Opfern suggerierte, auch Täter zu sein.

An jenem Nachmittag aber wollte er nicht über die Vergangenheit sprechen, sondern über die Zukunft, die der Deutschen nämlich, und da sah er schwarz. Ein antisemitischer Vorfall war wieder in den Nachrichten gewesen, und er fand, das reiche nun, es werde sich nie ändern. Er zog ein seltsames Buch hervor, in dem die lange und kontinuierliche Geschichte der Pogrome und Judenverfolgungen seit dem Mittelalter aufgelistet war. So werde das immer weitergehen. Draußen regnete es wieder, er wurde immer wütender. Irgendwie brachte keiner die Energie auf, ihm zu widersprechen. Die Tatsache, dass wir hier saßen, war ja ein Beleg, dass sich die Dinge geändert hatten, aber er machte sich weiter Luft:

Er habe nun vor, nach Israel auszuwandern oder sich automatische Maschinenpistolen zuzulegen. Außerdem befürwortete er an diesem Nachmittag als langfristige Maßnahme den Abwurf einer A-Bombe über der Bundesrepublik, das sei das Einzige, was diesem Land noch helfen könne. Dann fragte er, ob wir noch Streuselkuchen wollten.

Sich in die Unterlagen seiner Geschichte hineinzulesen, war ein beklemmendes Erlebnis, eine Lektion in der schafsartigen Beschränktheit der diversen Behörden: Entschädigung für geleistete Zwangsarbeit war damals noch in weiter Ferne. Er musste um jede Mark kämpfen und prozessieren, und wo ihm einige hundert Mark zugestanden worden waren, brauchten Zuzahlungen alles auf. Infolge der Haft waren fast alle seine Zähne ausgefallen, eingeschlagen, aber um ein neue Prothese zu beantragen, waren umfangreiche Belege notwendig. Nirgends fand sich auf der Seite seiner Ansprechpartner das geringste Entgegenkommen, gab es ein Zeichen, dass man für ihn, einen deutschen Bürger und Opfer eines Staatsverbrechens, kämpfen werde.

Wer sich allein durch die öffentliche Diskussion oder den

Schulunterricht dem Thema näherte, dessen unendliche Tiefe gern in eine sakrale Höhe entrückt wurde, konnte den Eindruck gewinnen, einem Auschwitzüberlebenden würden in der späten Bundesrepublik alle Tore geöffnet, seine Sache würde mit einer gewissen Priorität behandelt. Aus den Akten sprach etwas anderes: Die Beweislast oblag ihm allein, niemand koordinierte die Leistungen, es war das Verfahren für Sozialhilfeempfänger und Behinderte, wo es doch um eine Restitution für geleistete Arbeit und geraubte Gesundheit ging. Aber so dachte keiner in der langen Nachkriegszeit. Abstrakt war das Andenken an den Holocaust heilig, konkret wollte niemand von den Überlebenden genervt werden.

War ja auch nicht einfach: Jetzt fuchtelte er schon wieder mit Tiraden gegen die Ostjuden und die Westdeutschen herum.

Kaum zu glauben, dass, wie wir dann bei natürlich von ihm erlaubten und angeregten Recherchen in seinem Heimatdorf feststellten, er nach seiner Rückkehr aus dem Lager entschieden geschwiegen hat, über alles. Als einer der wenigen deutschen Juden war er nach der Befreiung durch die Rote Armee in seine Heimat zurückgekehrt und machte einfach da weiter, wo er aufgehört hatte. Jahrzehnte lebte er als braver Bürger und CDU-Wähler, ohne über das Lager zu reden, den jüdischen Glauben gar nicht oder nur an hohen Feiertagen praktizierend. Seine Kinder und die Ehefrau wussten kaum, wo er den Krieg verbracht hatte. Und wenn abends in der Kneipe die Männer über ihre Kriegserlebnisse bei der Wehrmacht oder sonst wo redeten, sagte er nichts.

X-mal war er mit Freunden und Vereinskollegen in der Bar des einzigen Hotels am Ort gewesen und hatte fröhlich gezecht. Plötzlich aber erinnerte er sich daran, dass dort in der Nazizeit ein Schild hing, das den Juden

den Zutritt verbot. Er hatte seine Freunde, konservative Männer in klein gemusterten Sakkos zur grauen Autofahrerhose, an jenem Abend dann dermaßen agitiert, dass sie um ein Haar bereit waren, aus Protest gegen die Sache damals an die Fassade des Gebäudes zu pinkeln. Wie sollte man diesen Mann zeigen? Wütend oder normal? Oder eben schwankend? Wie konnte man das Ambivalente und Faszinierende angemessen abbilden?

Die ganze Reise war merkwürdig. Mit gutem Willen hätte man sie heroisch nennen können, ich empfand sie als absurd und von mir bescheuert schlecht vorbereitet. Bald gab das geliehene Gebrauchtfahrzeug, ein klapperndes Ding auf einem quietschenden Fahrgestell, seinen Geist auf. Mitten in der Nacht rollten wir bis zu einer Tankstelle mit Werkstatt. Bis zum Eintreffen eines Pannenhilfewagens bestand Andreas darauf, in der einzigen noch offenen Kneipe eine Lokalrunde zu schmeißen, was nicht besonders kostspielig war, da nur wenige verlorene Gestalten sich am Tresen festhielten, die für ein weiteres Kölsch sogar in Kauf nahmen, über unseren Überlebendenfilm gebrieft zu werden. Während Andreas seinen Monolog hielt, fuhr der Pannenhelfer vorbei. Nur durch eindringliches Zureden am Telefon der Kneipe – Mobiltelefone gab es noch nicht –, war er dazu zu bewegen, ein zweites Mal zu kommen. Ich hatte Barzahlung versprechen müssen, was ungefähr das gesamte Budget dieser No-Budget-Produktion verschlang.

Schließlich setzten wir unsere Fahrt fort, aus irgendwelchen Gründen fuhren wir aber mit geöffneten Scheiben über die verschneite Autobahn. Am frühen Morgen ging das Benzin aus. Andreas besann sich fröhlich auf einen Kanister im Kofferraum, schnappte sich ihn und goss mit eleganter Geste alles in den Tank. Nichts tat sich. Der Kraftfahrer roch kurz an den letzten Tropfen, die am Kanister zitterten: Wasser. Ich schnappte wortlos meine Tasche und stapfte zur nächsten Bushaltestelle. Der Bus war voller müder Frühschichtler und aufgedrehter Schüler, die zu lange hatten fernsehen dürfen. Es war noch Zeit für eine schnelle Dusche, bevor ich ins Doktorandenkolloquium musste.

Der Film kam dann doch nicht zustande, an irgendeinem Punkt stieg ich aus, da war die Frage nicht geklärt, wie viele Produktionsfahrzeuge uns BMW denn nun zur Verfügung stellen würden.

Ab und zu traf ich Andreas noch in der Stadt, seine Filmpläne wurden immer größer und seine zur Schau gestellte Emotionalität beim Thema Holocaust auch, irgendwann hatte er sich sogar ein übergroßes Diarium der Ereignisse in Auschwitz zugelegt, das eigentlich für Bibliotheken gedacht war und fast ein ganzes Zimmer möblierte.

Es gab noch mehr wie ihn. In der Geschichtswerkstattbewegung war es besonders schlimm. Einmal besuchten wir im Rahmen eines Seminars, ich weiß gar nicht mehr die genauen Umstände, das Büro so einer Einrichtung im Nordsaarland. Der engagierte Leiter, der aus der Erforschung des jüdischen Lebens seiner Gemeinde seinen Lebensunterhalt bestritt, empfing uns voller Begeisterung, umso mehr, als Archäologen in der Innenstadt eine Mizwe gefunden hätten, und es dauerte eine ganze Weile, bis er sich herabließ, uns offenkundig weniger am jüdischen Schicksal teilhabenden Genossen zu erklären, dass das ein traditionelles Frauenbad war. Ich lief unterdessen in seinem Büro auf und ab und suchte einen Stuhl. Über dem einen ledernen Bürosessel hing eine Stoffjacke, die ich an den Haken hängen wollte, um mich selber auf den Stuhl zu setzen, da erklang auch schon der Schreckensruf unseres Genossen: Das sei »eine Originalhäftlingsjacke aus Auschwitz«, bloß die Finger davon. Die hatte er, um ja keinen Zweifel an seiner brennenden Bestürzung aufkommen zu lassen, täglich im Rücken.

Der quälenden Trägheit der Behörden und einer deutschen Öffentlichkeit, die ja in weiten Teilen am liebsten im Sommer 1945 mit dem Reden über die KZ Schluss gemacht hätte, entsprach der Übereifer vieler meiner Freunde und Bekannte. Es waren die Fernsehserie »Holocaust« gewesen sowie Filme wie »Als Hitler das rosa Kaninchen stahl«, die uns die Judenverfolgung nahegebracht hatten. Schule und Studium, ein entsprechendes Elternhaus hatten dieses komplexe und schwer verständliche historische Faktum bei vielen ins Zentrum ihres Interesses gerückt. Aus Identifikation mit den Opfern, einem Eifer, nun auf der richtigen Seite stehen zu wollen, oder aus welchen Motiven auch immer, steigerten sich manche in eine regelrechte Obsession mit dem Thema. So wertvoll die Beschäftigung damit ist, sehr förderlich für die seelische Gesundheit ist sie nicht. Ich selbst habe es mir vor einigen Jahren angewöhnen müssen zu zählen: Mehr als dreimal pro Tag an den Holocaust zu denken ist ein Zeichen von psychischer Erschöpfung, da ist Erholung angesagt.

So auch bei einem anderen Freund und Kommilitonen, der sich dem Thema NS mit Haut und Haar verschrieben hatte und keinen Themenwechsel zuließ. Nach seinem Studium wurde er in eine Arbeitsbeschaffungsmaßnahme bei den Berliner Gedenkstätten vermittelt und beantragte auch dort, auf seinem Schwerpunkt zu arbeiten. Irgendwann bat er um Versetzung. Der Dienst begann schon um 7 Uhr 30, im Winter war es da noch dunkel. Er schaffte es trotz allen guten Willens nicht, jeden Morgen mit seinem schlecht beheizten Trabbi in ein Konzentrationslager zu fahren.

Der gute Wille ist nicht immer die beste Voraussetzung, weder bei der wissenschaftlichen Beschäftigung noch im Gespräch mit Zeitzeugen. Das vereinfacht zu sehr, wo in Wahrheit eine höllische Komplexität der Erfahrung herrscht. Das musste ich an einem schönen Samstagvormittag in einem kleinen Häuschen am Ammersee feststellen. Recherchen im Umfeld einer Person, die sich mal im Umfeld Hitlers bewegt hatte, hatten mich hierhin geführt. Es war eine Zeitreise an sich. Der Zug war nicht elektrifiziert, und das Mobiltelefon hatte keinen Empfang. Im Großraumwagen mit Holzbänken saß eine Clique junger Mädchen aus München, die sich auf den See freuten und ebenso unbeschwert schnatterten, wie die Zeitzeuginnen es immer als ihre schönsten Erinnerungen beschrieben hatten. Der Bahnhof hätte in jedem Heimatfilm mitspielen können, die Weiche wurde noch von Hand umgestellt. Liebe zur Heimat und zur Natur, das ist immer das gemeinsame Band, das Leute aufgreifen, um zu erklären, warum sie dann schließlich bei den Nazis landeten. Als sei unser Blick auf die Natur unschuldig oder unpolitisch.

Die alte Dame, mit der ich verabredet war, war noch nicht ganz fertig und bat mich, auf dem Steg am See zu warten. Nach einer ganzen Weile rief sie mich zu einem schön gedeckten Frühstückstisch, alles war winzig wie in einem Puppenhaus.

Wir arbeiteten uns in der Erinnerung vor, wie so oft bei solchen Gesprächen zwischen der ganz fernen Vergangenheit und der Gegenwart leichter hin und her springend als zur näheren Vergangenheit. Sie erzählte viel von ihrem verstorbenen Mann, einem Rechtsanwalt, und ihrer Freundschaft zu der Person, die uns hier beschäftigte. Ein bisschen wollte sie dann aber auch von sich erzählen. Ein Aufnahmegerät hatte ich zwar in der Tasche, da blieb es aber auch. Sie war ohnehin nervös genug, es hätte zwischen den Marmeladentöpfchen aus altem Porzellan und dem guten Geschirr gar keinen richtigen Platz gehabt auf dem kleinen Tischchen.

Ihr Weg durch die NS-Zeit war einigermaßen verschlungen. Als junges Mädchen hatten sie Natur und Heimat und natürlich die Freiheit von elterlicher Aufsicht beschwingt, in den BDM einzutreten. Sie machte dort ihren Weg und stieg zu einer Art Gruppenleiterin auf. Mit den jüngeren Mädchen, ihren Freundinnen, konnte sie als Fünfzehnjährige schon ausgedehnte Wanderungen und Fahrten unternehmen. Die ideologische und antisemitische Komponente der Sache wurde in Kauf genommen – vermutlich eher flammend verteidigt, aber das sagte sie nicht.

Sie trug also Verantwortung für eine große Zahl von jungen Mädchen, als ihre Welt zusammenbrach. Die Mutter eines rivalisierenden Mädchens fand heraus, dass ihre Mutter eine sogenannte Halbjüdin war, sie damit, der bösen Mengenlehre des Rassismus folgend, sogenannte Vierteljüdin und jedenfalls ungeeignet, weiterhin diese Mädchenschar anzuführen. An dieser Stelle fing die alte Dame nicht bloß an zu weinen, sie zitterte, und das ganze Bild, das sie abgab, erinnerte an den französischen Ausdruck *fondre en larmes*, zu Tränen schmelzen. Sie wurde, erklärte sie, nicht einfach abberufen, sondern in einer öffentlichen Zeremonie gedemütigt, mit Eiern beworfen und geschlagen.

Ich verstand natürlich die Erinnerung an diese alptraumhafte öffentliche Vertreibung als Ursache ihrer Tränen. Da lag ich aber nicht ganz richtig. Meine zögernden Worte, mit denen ich andeuten wollte, dass ich verstehe, worum es geht, korrigierte sie sofort: Nein. Es waren nicht die Schläge und die Beschimpfungen, die sie bis ins hohe Alter und die Stille dieses Sommermorgens heimsuchten, es war das Gefühl, die ihr anvertrauten Mädchen verraten zu haben. »Wir haben ihnen beigebracht, dass Juden das Böse schlechthin sind. Und nun war ich selbst eine. Was müssen die von mir enttäuscht gewesen sein.«

Ich erwiderte, dass das ja bloß der antisemitische Wahn

gewesen sei, dass sie ja nicht wirklich böse sei und daher die Mädchen nicht wirklich verraten habe, aber die entsetzten Blicke der Mädchen hatten sich ihr eingebrannt. Sie schämte sich noch als Greisin dafür, zu irgendeinem Bruchteil als Jüdin gegolten zu haben.

Dass sie in ihrem Leben dann viel dafür getan hat, das an den Juden begangene Unrecht wenigstens materiell zu kompensieren, und ihre Position klar und deutlich artikuliert hat, hat wenig damit zu tun, wie lebendig dieses Trauma blieb, wie Efeu um den Stamm ihres Lebens geschlungen.

Die Natur draußen wirkte auf der Rückfahrt trügerisch. »Es ist schon über so vieles Gras gewachsen, dass man keinem Rasen mehr trauen kann«, hat der große Sportkommentator Werner Hansch mal gesagt, und so fühlte ich mich.

Der Zug, es war nun Mittag, brachte noch mehr Eis essende Ausflügler. Auf dem kleinen Sofa hatte ich mir Bilder angesehen, von der Dame als jungem Mädchen. Eva Braun hätte auch darauf sein können, es war ein Tag, an dem sich der Strudel der Geschichte öffnet, ohne sich wieder zu schließen.

Der Natur war das alles egal. Alles konnte man darin sehen: Kampf der Starken gegen die Schwachen, ewiger friedlicher Kreislauf der Seelen, Wechsel der Jahreszeiten, Dreischritt, Vierjahreszeiten, fünf Elemente, sechs Richtige, was weiß ich. Aus dem Fenster schauend, versuchte ich mir einen Reim zu machen, vergebens. Die große weltanschauliche Naturerfahrung ist in Wahrheit ein Picknick: Man muss schon mitbringen, was man dazu braucht.

Eine Freundin in Hamburg hatte mal einen Nachbarn, einen hochbetagten Herrn, der sie immer zu Wanderungen einlud. Er kannte jede Pflanze und jedes Tier. Er war schon als Kind zum Waisen geworden und kam dank guter Leistungen an eine Napola oder eine ähnliche Nazieinrichtung. Naturerkundung und Nationalsozialismus waren bei ihm ineinandergeflossen. Nach dem Krieg wurde er Arzt und praktizierte sehr lange. Alles, was er sei, verdanke er nun mal Hitler, das war auch in den 90er Jahren seine Haltung, und von der abzuweichen wäre ihm wie Verrat vorgekommen. Ob er auch in neonazistischen Kreisen aktiv war, wurde nicht ganz klar, aber es war nicht auszuschließen. Ich traf ihn einmal flüchtig, als er meiner Freundin ein kleines Adventsgeschenk überbrachte, und machte ein Kompliment über seine gute physische Verfassung, erwähnte dabei auch Marcel Reich-Ranicki, der ja im selben Alter ein stolzes Pensum absolvierte. Da schaute er verbissen auf seine Armbanduhr, und der Besuch war plötzlich beendet. Ich hatte noch nie einen getroffen, den zumindest die Erwähnung des Namens nicht zu einem amüsierten Kommentar oder gleich einer Parodie angeregt hätte, erst recht nicht, dass einer seinetwegen gleich das Zimmer verlässt. Später erst wurde mir der Zusammenhang klar. Der Mann war vielleicht der letzte ursprüngliche und gewissermaßen bekennende Nationalsozialist in einem Land, das einmal voll davon gewesen war. Allein das lange und produktive Leben Reich-Ranickis war ihm eine Beleidigung.

Dieser gebildete, rüstige Mann trug keinen schwarzen Lederschlips. Von seinem äußeren Erscheinungsbild her hätte man ihn auf einem Bio-Wochenmarkt vermutet. Er war kein Verführter, Verblendeter und kein Wahnsinniger. Er konnte erfolgreich seinem Beruf nachgehen, eine Familie gründen und Hobbys pflegen. Er war eben, wie so viele deutsche Wissenschaftler, Intellektuelle und Offiziere in der ersten Hälfte des 20. Jahrhunderts der Meinung, dass nicht alle Menschen gleich sind und die Starken die Schwachen auszumerzen hätten, wie man es ihn in der

Natur zu sehen gelehrt hatte. Er war ein völlig intelligenter Rassist, sicher auch ein Mörder. Wer glaubt, die echten Nazis hätten irgendwann ihren Irrtum eingesehen oder von nichts gewusst oder sich etwas eingeredet, macht sich selbst etwas vor.

Man braucht keine besonderen Tricks, um ihre Meinung hervorzulocken.

Eine mittlerweile verstorbene Vermieterin gehörte zum gleichen Club. Als ich sie besuchte, um den Mietvertrag zu unterzeichnen, blieb ich vor einem kleinen, silbrig schimmernden Perserteppich hängen, der an ihrer Wand hing. »Kinderarbeit!«, krähte sie, zu meinem Schrecken nicht mit Empörung, sondern mit großem Stolz. Nur die feinen Händchen der Perser – nach der absurden Rassenlehre ihrer Jugend ja irgendwie auch Arier – vermochten dieses Wunder zu erschaffen. Die armen Kinder würden freilich besser mal in die Schule gehen, entgegnete ich, aber sie sah die Dinge ganz anders: Was sollten die denn schon lernen und wozu? Da hätten sie etwas, das zu ihnen passt, mit dem sie Geld verdienen können. Jedem das Seine.

Einmal traf ich sie in Tränen vor ihrem alten Radioapparat. Es ging um den Prozess gegen den SS-Offizier Pribke in Italien. Ich nahm erst einmal an, die Vergegenwärtigung der damaligen Zeit und womöglich die Opfer oder aber der Krieg als solches bewege sie zu diesem Ausbruch. Ich hatte wieder meinen naiven postmodernen Antifaschismus vorausgesetzt. Am Zweiten Weltkrieg störte sie nur eines: dass er verloren gegangen war. Sie erklärte ihre Begeisterung mit einer Mischung aus Sportliebe und Naturfreude. In einer Mädchenclique seien sie herumgezogen und hätten »die Gegend unsicher gemacht«. Wann je traf dieser Ausdruck die Dinge besser? Gegen Ende des Krieges habe sie sich »für die Menschen eingesetzt«. Genaue Nachfrage ergab, dass sie dabei half, die Männer von der SS auf dem Rückzug zu versorgen. Ihre Spezialität war das Entfernen der Tätowierung.

Die bloße Erwähnung demokratischer oder sozialdemokratischer Politiker provozierte eine historisch tief reichende Wut, die immer bei »dieser Frau da« endete, die sie zum Inbegriff für den Abstieg Deutschlands machte, Rosa Luxemburg.

Noch im Saarland der 90er Jahre führte sie den Kampf fort. Und wenn ich voller Naivität glaubte, die alte Dame tue doch nichts, dann nur so lange, bis ich ein Telefonat mithörte, das sie mit einem ehemaligen Kameraden führte. Wenn sie den dann anschließend mir gegenüber als einen feinen Herrn bezeichnete, lief es mir kalt den Rücken runter. Die Netzwerke waren noch aktiv. Ob sie selbst noch großen Anteil daran hatte, vermag ich nicht zu sagen, sie war jedenfalls sehr geizig. Ihr Vermögen, ein sehr schönes großes Gründerzeitmietshaus im Saarbrücker Studentenviertel, war ihr ganzer Stolz. Erben hatte sie keine, aber ihre Lieblingsthemen wie die Elitenförderung brachte sie mehrmals mit vielsagenden Andeutungen mit ihrem Nachlass in Verbindung. Kein Zweifel, dass sie sich darüber viele Gedanken machte.

Wegen einer Rheumaerkrankung konnte sie sich kaum bewegen und war immer auf fremde Hilfe angewiesen, zumal die Toilette auf dem Gang war und die Wohnungen mit Dieselöfen beheizt wurden, die man mit großen Kannen befüllen musste.

Im Erdgeschoss wohnten zwei Damen, die sich täglich um sie kümmerten, arme und wenig gebildete Frauen, die sich kaum zu artikulieren vermochten, aber durchaus intelligent waren. Dass die eine eine Tochter hatte, passte der Vermieterin, die immer kinderlos und unverheiratet geblieben war, gar nicht. Solche sollten sich besser nicht fortpflanzen, gab sie munter zur Kenntnis.

Als sie im Schlaf starb, waren es die beiden Damen vom Erdgeschoss, die als Erste in die Wohnung kamen. Ein Testament hat man nicht gefunden. Eine Erbensuche blieb ergebnislos, die Immobilie fiel an die von ihr wegen ihrer sozialdemokratischen Verwaltungsspitze verachtete Stadt Saarbrücken. Bis heute hege ich den Verdacht, dass da ein Testament womöglich verschwunden wurde, von eben jenen Untermieterinnen, die sehr wohl verstanden, dass eine Immobilienspende an eine rechtsradikale Stiftung nicht in ihrem besten Interesse lag. Ausziehen mussten die beiden allerdings doch, die Stadt verkaufte das Haus, die Wohnungen wurden saniert und unerschwinglich. Die alte Kameradin hatte zwar eine ideologische Verachtung für ihre beiden Untermieterinnen, ließ sie aber um eine geringe Miete wohnen. Man unterschätzt nicht nur die Intelligenz, sondern durchaus die Nettigkeit von Nazis gegenüber all jenen jedenfalls, die sie gerade nicht umbringen möchten.

Nazis schämen sich nicht, Nazis zu sein. Jeder Versuch, sie mit Hinweis auf die Shoah zu einer Art Implosion zu provozieren, wird fehlschlagen, denn sie haben ja gar kein Mitleid mit den Juden. Sonst wären sie keine Nazis und Antisemiten.

Nun darf man als Demokrat nicht in Ohnmacht fallen. Man muss ihnen die Möglichkeit nehmen, anderen zu schaden, und ihren Einfluss begrenzen. Das geht aber nicht durch Dialog, der ist völlig sinnlos, sondern durch Aufklärung derer, die zu wenig wissen und sich etwas von den Nazis erhoffen oder die ganz einfach nur auf den Putz hauen wollen. Dieser Elan wendet sich gegen die, die dazu ausholen.

Die beste Waffe ist die Präzision: Was haben die Rechten zu bieten? Rechtsextremismus ist fortgesetzter Terrorismus, der sich bald gegen die richtet, die das System überhaupt erst installiert haben, bis nur noch Schutt und Asche dampfen. Nichts als Zerstörung und Armut und Massenmord haben sie angerichtet. Der beste Weg gegen Nazis ist, sie reden zu lassen und das Publikum mit den Folgen solch einer Ideologie zu konfrontieren, also die Korruption, Zerstrittenheit und allgemeine Lächerlichkeit der Organisationen darzustellen und drastisch vor ihren untauglichen Rezepten zu warnen. Gegen Le Pen half nur zweierlei: So zu brüllen wie er oder ihn zu fragen, was er denn vorhabe, wenn er regiert. Wen ernennen Sie zum Premierminister? Das war eine Frage, die ihn kalt erwischt hat.

Menschen werden Kannibalen, Familienväter pflegen eine kriminelle Karriere als Serienmörder oder sperren ihre Tochter in einen Atombunker, das alles mitten in Europa. Manche werden Nazis. Das sind keine Krankheiten, sondern Ausdruck der existenziellen Fähigkeit des Menschen zum Bösen und Bescheuerten.

In diesem Sinne habe ich auch Daniel Goldhagens These in *Hitlers willige Vollstrecker* verstanden: Nicht etwa, dass Deutsche von Geburt an leichter oder bereitwilliger zu Antisemiten werden als Belgier oder Franzosen, sondern dass Antisemitismus eine kulturell tradierte und sozial eingeübte Haltung ist, die in Deutschland eben besonders fleißig einstudiert und von allerlei Eliten auch gefördert worden war, weshalb viele bereit waren, zumindest wegzuschauen oder gar mitzumachen.

Einmal versuchte ich die These des Buches einem jüngeren französischen Freund zu erklären, der sie so zusammenfasste: »Er hat herausgefunden, dass die Nazis Antisemiten waren? Wow.«

Als ich Goldhagen einmal während der Arbeit für eine Fernsehsendung zu betreuen hatte, beeindruckte mich am meisten der agile und wirklich paranoide Leibwächter, den der deutsche Verlag angeheuert hatte, ein ehemaliges Mitglied der GSG 9, der alle Vorhänge zuzog und jede Toilette stürmte, bevor er sie zur Benutzung freigab. Er bewachte auch den Eingang des kleinen Raums, in dem Gäste untergebracht waren, bevor die Sendung losging. Solchermaßen bewacht bei zugezogenen Vorhängen rückte Daniel Goldhagen näher, schaute mir lange in die Augen und flüsterte: »Ich hätte da mal eine Frage.« Ich nickte etwas bang. »Gibt es heute noch Antisemitismus in Deutschland?«

Nun lief ungefähr meine gesamte politisch-soziale Erziehung auf diesen Moment zu, es war undenkbar, einfach abzuwinken und wie eine Figur bei Loriot »Ach was!« auszustoßen. Ich wagte also einen kleinen Vortrag über neue Formen des Antiamerikanismus und Antimodernismus, die so etwas wie die neuen Kleider des Antisemitismus in Deutschland darstellten, etwa in der beliebten Unterstellung, Hollywood wolle ja mit der filmischen Aufarbeitung der Shoah nur Geld verdienen, die amerikanischen Medien seien alle aufseiten Israels, und überhaupt in der Tendenz, sich vom internationalen Gemauschel übervorteilt und ausgeschlossen zu sehen. Und es gab die problematische, immer noch wirksame Klassifizierung in dem Gegensatz von tief, höher, deutsch und schnell, gierig, ausländisch.

Doch die Antwort befriedigte ihn ganz und gar nicht. Er fasste mich am Arm und erklärte mir, wie einem Idioten: Aber mein Freund, das ist doch gar nichts. Wissen Sie denn nicht, dass die Juden hierzulande in den 30er Jahren bereits offen angefeindet, tätlich angegriffen und, wo es nur ging, diskriminiert wurden? Was Sie da berichten – das ist doch gar nichts im Vergleich.

Meine gutgemeinte Antwort traf die Sache also nicht so ganz. Aber mir war lieber, er zog diesen im Ganzen doch recht positiven Schluss, als dass ich als Abwiegler dastehe, zumal er diese wirklich heftigen Anfeindungen und Zuschauerreaktionen zu ertragen hatte. Viele Deutsche konnten ihm einfach nicht verzeihen, behauptet zu haben, dass die Mörder der Juden vielleicht wussten, was sie taten. Eigentlich traf ihn das Entsetzen des Publikums über die Taten.

Das gesamte öffentliche Leben Deutschlands ist auch heute noch immer nur eine Handbreit über der Hitlerschicht. Thomas Schmid prägte dafür mal das Bild von einem noch immer aktiven Vulkankern, der, wenn man sich ihm nähert, Verbrennungen verursachen kann, und bisweilen ausbricht. Wie bizarr sind diese spezifischen deutschen Skandale, in denen sich ein Leben lang völlig unbelastete Personen durch einen spontanen Verweis, ein Zitat Hitlers für immer aus dem öffentlichen Leben herauskatapultieren. Es gab jenen Musiker, dem in Israel die Sicherungen durchgebrannt sind, als er eine Hotelrechnung mit Hitler unterschrieb, es gab Kohls Gorbatschow-Goebbels-Vergleich, die Jenninger-Rede, und es gibt den seltsamen Fall Herta Däubler-Gmelin. Die Juristin mit der tadellosen Parteikarriere, die Gerhard Schröder sehr früh in seiner Kandidatur unterstützte, beendete ihren politischen Aufstieg und ihre Amtszeit als Bundesjustizministerin durch diese Bemerkung: »Bush will von seinen innenpolitischen Schwierigkeiten ablenken. Das ist eine beliebte Methode. Das hat auch Hitler schon gemacht.«

Hätte sie den Führer weggelassen, wäre sie heute womöglich Präsidentin des Bundesverfassungsgerichts. Dieser eine Ausrutscher machte sie plötzlich nicht allein für dieses, sondern für jedes andere Amt ungeeignet. Zufällig besuchte ich genau an diesem Tag eine Wahlkampfveranstaltung für sie in Tübingen, bei der auch Günter Grass reden sollte, der der Grund war für meine Anwesenheit. Ich hatte den ganzen Tag im Zug gesessen und gar nicht mitbekommen, dass sie am Vormittag die verhängnisvolle

Pressekonferenz gegeben hatte. Statt sich augenblicklich zu entschuldigen und sich etwa krankschreiben zu lassen, versuchte sie, den Reportern der Lokalzeitung ihren Fehler unterzuschieben. Denen hatte sie ihr Zitat zwar wortwörtlich und als autorisierte Fassung in den Hörer buchstabiert, sprach aber dann doch von einer Sinnverdrehung.

Es gab nach der Versammlung noch eine Feier in ihrem Haus, zu der mich Grass gerne mitnehmen wollte, allein schon, um beim Interview etwas trinken zu können, aber sie hatte erst einmal genug von Medien. Sie wand sich voller Unbehagen, und ich verstand nur Bahnhof: Eine Politikerin im Wahlkampf, die keine Journalisten mehr um sich möchte?

Gar nicht mehr diskutiert wurde der Umstand, dass die Äußerung nicht nur unnötig beleidigend war, sondern auch falsch. Hitler wollte nicht den Krieg, um von inneren Problemen abzulenken, er wollte auf alle Fälle Krieg, Problem hin oder her, an irgendeiner innenpolitischen Stabilität war er gar nicht interessiert. Und auch Bush hat den Irakkrieg nicht begonnen, um von etwas abzulenken, sondern unter anderem, weil man ihm versichert hatte, es werde nicht schwer sein, Saddam zu stürzen, die Iraker würden sich freuen, und dann hätte man diesen Traum: eine milde Demokratie im Nahen Osten, die über viel Öl verfügt. Mit innenpolitischen Problemen hatte das nichts zu tun: Im Vergleich zum Jahr 2008 hatte Bush gar keine innenpolitischen Probleme, als er den Krieg begann.

Jedenfalls liegt Hitler wie ein offenes Starkstromkabel in der Landschaft herum, manche werden schon in seiner Nähe ganz zittrig, selbst in Polen.

Es ist schon eine Schande, dass meine erste und einzige Reise nach Polen mit Hitler zusammenhing. Der sogenannte Discovery Channel hatte eine aufwendige und schweineteure Computersimulation in Auftrag gegeben, die auf jener Technik basierte, mit der die BBC einst ihre preisgekrönte Serie über das Leben der Dinosaurier realisiert hatte. Mit dem Unterschied, dass man statt urzeitlicher Riesenechsen nun eben die kleinen bösen Männer der Zeitgeschichte darzustellen hatte. Der Sender hatte eine Sendung zum Attentat am 20. Juli 1944 produzieren lassen, das Protokoll eines ganzen Tages bei Stalin, Roosevelt, Churchill, de Gaulle und natürlich Hitler. Das war mal ein Thema, bei dem nicht nur Action garantiert war, sondern das auch in der Welt verkauft werden konnte.

Ich habe es mir bei solchen Zusammenkünften zur Gewohnheit gemacht, zu raten, wer aus welchem Land kommt, und natürlich suche ich gleich nach den Franzosen. Doch der Einzige, den ich augenblicklich als Landsmann identifizieren konnte, trug völlig untypische Klamotten. Sicher, er war klein und drahtig, trug einen Schnauzer und gestikulierte beim Reden mit den Händen, sodass er in jeder Weichkäsewerbung hätte auftreten können. Er hielt mir sein Mobiltelefon entgegen und führte dramatisch vor, dass er es wohl bedienen, aber nicht verstehen könne und zog die Vokale in die Länge: Its Meegiic. Er sprach kein Wort französisch, denn er kam aus Moskau. Ich kniff die Augen zusammen – nicht die Haut, die Frisur, das Aussehen eines Russen, bloß die Kleidung. Doch auch meine vorsichtigen Fragen, ob er denn etwa erst kürzlich oder als Kind …, nein seit Generationen kämen alle aus Moskau. Schließlich war ich mir sicher, hier einen fernen Nachfahren der Fraternisierungen von Napoleons Grande Armée getroffen zu haben.

Die Werbung und der Aufwand waren gewaltig. Daher kamen die Journalisten aus aller Herren Länder, nur aus Deutschland war die Resonanz schwach. Die ganze Sause war von einer polnischen Event-Marketingagentur namens Idefix organisiert worden, die erkennbar keine Probleme damit hatte, mit beiden Beinen dorthin zu hüpfen, wohin ich kaum einen Finger legen würde. Die internationale Journalistenschar war in einem renovierten, luxuriösen Art-Deco-Hotel in Warschau untergebracht. Auf dem Bett lag eine Tasche aus grobem grünem Stoff mit einem Ledernotizbuch drin, halb Private Ryan, halb Indiana Jones. Schon zum Frühstück ertönte Lili Marleen – alles, wie man es uns stolz erklärte, um ein sogenanntes »Forties Feeling« zu evozieren. Dass nicht alle exakt dasselbe Feeling in Bezug auf die 40er Jahre verspüren und verspürten, kam ihnen nicht in den Sinn.

In Uniformen oder zumindest langen Armeemänteln trieben sie die Journalistengruppe zusammen und riefen: »Everybody to the trucks.« Als ich »Ein Satz, den man in Warschau ja immer gern hört« murmelte, brach der Kollege von der Londoner *Times* in konvulsivisches Gelächter aus. Aber nicht mehr lang, denn die Fahrt ging zu einem Sportflugplatz, an dem ein Club von Amateurfliegern Originalflugzeuge der 1940er Jahre restauriert, fliegt und leider auch vermietet. An Event-Marketingagenturen beispielsweise.

Schafsartig bestieg ich mit den anderen Kollegen die Maschinen, hatte man uns ja schließlich so gesagt. Das einzig Gute war, dass man das Mobiltelefon eingeschaltet lassen konnte, weil keine Elektronik an Bord war. Also einerseits ganz gut, andrerseits aber ungünstig, wenn beispielsweise ein Sturm aufkommt und die Sicht abnimmt. Wir flogen auf dem Flug nach Osten in eine Sturmfront. Es wäre geschickter gewesen, sie hätten den kleinen Vorhang, der den kleinen Passagierraum vom Cockpit trennte, zugezogen, denn so wäre mir erspart geblieben zu sehen, wie einer der beiden Piloten eine Straßenkarte konsultierte, um nachzusehen, wohin die Reise geht. Und ich hätte auch nicht gesehen, wie er angesichts des unsympathischen tiefschwarzen Wolkengebirges seine Hand ausschüttelte, wie man es halt macht, wenn man »Oweia« sagen will.

Es folgte ein ziemliches Gerummse. Die nette Dame, die mich vonseiten der Veranstalter oder ihrer deutschen PR-Firma begleiten sollte, musste ihre Spucktüte benutzen. Während auch mir einigermaßen übel wurde, wuchs die Wut auf mich selbst. Als Journalist bei einem Einsatz im Kriegsgebiet oder der Aufdeckung eines großen Verbrechens ums Leben zu kommen, das war tragisch und ehrenvoll, aber das Opfer einer überambitionierten Event-Marketingagentur zu werden, die einen stilecht zur Weltpremiere eines animierten Hitlers befördern möchte, das war einfach blöd – vor allem, wenn man selber keine Sekunde nachdenkt, weil es ja so auf einem gedruckten Programm stand, und obwohl man aus freien Stücken und privat nie auf die Idee gekommen wäre, ein solches historisches Flugzeug anders als am Boden festgetackert in einem Luftfahrtsmuseum zu besichtigen. Und würde man, wenn auf dem Programm gestanden hätte: »11 Uhr 45 stürzen sich alle im rosa Bikini in einen Brunnen und singen Lili Marleen«, würde man auch das versonnen murmelnd befolgt haben?

Rumpelnd landete die Blechmaschine irgendwann auf einem Feld unweit der sogenannten Wolfsschanze. Auch die Passagiere der beiden anderen Maschinen waren kreideweiß im Gesicht und taumelten umher. Jemand hatte einen Kaffee organisiert. Ich informierte freundlich die Gastgeber, dass ich dankbar sei für die einmalige Gelegenheit, in so einem Ding mitzufliegen, einmalig deshalb, weil ich es zur Rückfahrt sicher nicht nutzen würde.

Das wurde von den Mitarbeitern mit klammheimlichem Hallo begrüßt, weil sie ebenfalls keine Lust hatten, sich in den Waschmaschinen mit Rotoren in der Nacht zurückfliegen zu lassen. Wegen ihrer Ängste allein würde die Firma aber keine Busse bestellen. Wenn Journalisten quengelten, sah die Sache hingegen anders aus.

Bald kamen echte Armeelaster und brachten uns in die Gedenkstätte Wolfsschanze, über der an diesem Tag die Fahne des Discovery Channels flatterte. Es handelt sich um in einem tiefen Wald herumgewürfelte Riesenbunker, halb Mayaruine, halb Spielplatz, deren unfreundliches Klima und ganz allgemein düstere Stimmung mir aus den Memoiren der Hitlersekretärin Traudl Junge bekannt waren. Wer sich unter solche meterdicken Betondecken verkriecht, wird schon gewusst haben, was er angestellt hat.

Launige Reiseführer machten matte Scherze, einige polnische Rekruten gaben als Statisten SS-Männer, mühten sich, grimmig auszusehen, und hatten erkennbar keinen Schimmer, was in der Zeit so alles passiert war. Ebenso gut hätten sie sich Sandalen angeschnallt und Helme aufgezogen.

In einem Zelt war ein Original 40er-Jahre-Büffet aufgebaut worden, was allein schon an die Grenze meines Geschmacksempfindens rührte, und zwar ganz klar von der Seite des Unzulässigen her. In jener Zeit hatten Polen, Russen und dann auch die deutschen Soldaten mit den Fingern die Erde umgegraben, und die Menschen in Leningrad hatten alles essen müssen, was der Mensch irgendwie verträgt. Da war die Schau von Omas besten Kochrezepten mit Graupen und Topinambur nur peinlich.

Auch die Kollegen waren zunehmend genervt und, ein allen Journalisten gemeiner Instinkt, zunehmend skeptisch: Wenn jemand ein tolles Produkt vorzuzeigen hat, reichen die Vorführung und einige Mineralwasserflaschen zum Anstoßen. Hat jemand etwas Mittel- bis weniger Gutes zu zeigen, wird er einiges dafür tun, mit einer aufwendigen Inszenierung die Rezensenten milde zu stimmen oder ganz einfach abzulenken: Man denkt an die schöne Reise, die netten Leute, das gute Essen und findet selbst den mittelmäßigen Film wieder erträglich.

Bei der eigentlichen Vorführung saß ein Kollege aus Indien, ein Militärhistoriker und Redakteur einer Armeezeitung, neben mir. Vorher gab es noch einige Worte vom Senderchef David Abraham, der uns mit pathetischer Geste drauf einstimmen wollte, was wir nun zu sehen bekämen, nämlich Roosevelt, Churchill, Stalin und natürlich Hitler so, wie sie kein dokumentarisches Material aufgenommen hat, nachempfunden und doch lebensecht, als sei man – »ein Kindertraum!« – versteckt im Wandschrank dabei, wenn Stalin sich umzieht und Churchill ein Bad nimmt. Besonders schwierig sei es gewesen, Hitler in Großaufnahme hier in der Wolfsschanze kurz vor dem Attentat wiederzugeben, da hätten die Rechner ziemlich gesurrt, aber das habe sein müssen, denn »Hitler in Close up, das ist unser Money Shot«. Kein Anflug von Ironie bei der Benutzung dieses Begriffs aus der amerikanischen Pornofilmbranche: Der ganze historische Klimbim war nur das softe Vorspiel, Hardcore wird die Sache erst beim Blick in die stahlblauen Augen des Führers, der die Weltherrschaft plant.

Peinlich effekthascherisch flimmerte die Sendung über die schnell geweißelte Wand eines Bunkers. Es war eine in Häppchen zerlegte, werbekompatible Nacherzählung des 20. Juli, wie sie vielleicht für mexikanische oder indonesische Schüler interessant wäre, die von der Sache noch nie gehört hatten. Man sah wie angekündigt Stalin, der sich, halb dämonisch, halb schmierig, Ivan-Rebroff-mäßig lachend seine Haushälterin auf den Schoß setzt, und Churchill, grotesk, in Badehose, alles aber mit einer Art Doku-Effekt verfremdet, also mit Kratzern und so. Und auch daher völlig undeutlich.

»Schauspieler!«, wollte man ausrufen: »Man kann solche

Szenen mit Schauspielern nachempfinden. Das hat sich bewährt!«

Dann, erwartbarerweise im dritten Viertel, kam der große Moment, der Führer in der Baracke, Explosion, hin und her – und Abspann. Mein indischer Kollege klappte seinen Block zusammen, stand auf, richtete seine Hose und bemerkte trocken: »Er sah nicht aus wie Hitler.« Er hatte recht. Der Schauspieler und die digitalen Zauberer mochten ihr Bestes gegeben haben, aber im Vergleich zu den Originalaufnahmen wirkte diese Darstellung nur komisch. Dinosaurier müssen halt nicht gegen Wochenschauaufnahmen konkurrieren.

Von digitalen Tricks sollte man mindestens so lange die Finger lassen, wie noch Zeitzeugen leben. Nicht alle sind noch so gut beisammen und guten Mutes wie Thomas Buergenthal, aber wo es möglich ist, sein Buch zu lesen oder eine Veranstaltung mit ihm zu besuchen, braucht man keine pädagogischen Gimmicks.

Die Zwänge und Zufälligkeiten der Planung von solchen Interviewterminen brachten es mit sich, dass ich in den Sitz neben ihn in einem Minivan plumpse, der uns von seinem Hotel ins Jüdische Museum fährt.

Allein darüber lacht er sich fast tot. Beim Blick aus dem Fenster noch mehr: »Als ich das erste Mal hier war, war es noch nicht so vollgestellt.« Das war im Frühjahr 1945, da war er als Kind das Maskottchen der polnischen Armee. Die vorrückenden Soldaten hatten ihm nicht nur eine Uniform maßgeschneidert, sondern auch ein Pony und eine kleine Kutsche besorgt. Es war das letzte Kapitel einer atemberaubenden, schon die Zeitgenossen faszinierenden Überlebensgeschichte. Heute sagte er: »Es kommt mir vor wie geträumt. Als sei es einem anderen passiert.«

Dieser andere ist das Kind, das er einmal war: Ein ganzes

Land hatte einer kleinen dreiköpfigen Familie den Krieg
erklärt.

Tommy war als Kind nach Auschwitz gekommen, wört-
lich an der Hand seines Vaters. Wie es den beiden gelungen ist, vor dem für Kinder sicheren Tod zu fliehen,
ist ein Stoff für Legenden und Märchen. Und es war doch
dieselbe Hand, die auf der Lehne neben mir ruht, die an
den Klinken von irgendwelchen Barackentüren rüttelte
oder panisch einen blöden Draht umzubiegen versuchte,
um, wenn auch nur für einen kurzen Moment, zu ent-
kommen.

Am Abend seiner Lesung im Jüdischen Museum in Berlin schilderte er noch einmal den Todesmarsch, mit dem er
und seine Leidensgenossen endgültig umgebracht werden
sollten. Einen Teil der Strecke durch Tschechien legten
sie in offenen Güterwaggons zurück. Auf den Brücken
erschienen plötzlich Gestalten, tschechische Zivilisten, die
Brot in die Waggons warfen, obwohl es verboten war. Das
rettete ihm das Leben. Und dann fügte er an jenem Abend
noch ein kleines Detail hinzu, das nicht im Buch steht
und mich seitdem beschäftigt: Einige von den Soldaten,
die den Zug begleiteten, legten an und schossen auf diese
Leute auf der Brücke.

Es ging den Soldaten in diesem Augenblick nicht darum,
den Vormarsch der Roten Armee aufzuhalten, Flüchtlings-
trecks zu decken oder gar, sich zu wehren. Man konnte
auch keinen Befehlsnotstand geltend machen, die Situation kam ganz überraschend und hielt ja auch gar nicht
lange an. Es ist ein winziger Moment des Krieges und des
Holocaust, aber er verdeutlicht wie ein Blitzlicht auf einen
Blick das Singuläre des Verbrechens: Um diese Qualität
zu erreichen, reicht nicht die Raserei eines Pogroms oder
die funktionalisierte Entmenschlichung des Soldaten im
Einsatz. Es transzendiert auch den Kreis der gewöhnlichen

Kriminalität und damit der eigenen Interessen dieser Männer, schließlich hätten die Soldaten das Brot ja in die Wagen fallen lassen können, um es dann den Häftlingen zu rauben.

Sicher, dieses Verhalten war nicht nur gesellschaftlich akzeptabel, es war geboten und befohlen, galt als ähnlich stark und männlich und konsequent wie das Entfernen eines Zahns, das Schienen eines gebrochenen Beins oder das Ausrupfen von Unkraut. Darum ist es so aufschlussreich, bei diesem Schnappschuss zu bleiben, es gehen von dort aus Verbindungen in alle Richtungen der historischen Unmenschlichkeit. Ich denke auch an ein Foto aus einem gelungenen Dokumentarfilm über Coca-Cola in der NS-Zeit. Die Firma verstand es durchaus, wie es der Kommentar festhielt, sich den Moden anzupassen und perfekt den Zeitgeist auszudrücken. Dazu sah man das Bild marschierender HJ, die von einem Lastwagen begleitet werden, Aufschrift: Coca-Cola – eiskalt.

Darum ist das mit dem Forties Feeling so eine Sache: Manche assoziieren damit Hunger, manche Verzweiflung und Wagemut, und wieder andere erinnern sich fragend an den Impuls, auf unbewaffnete Zivilisten anzulegen, die im nächtlichen Schneetreiben altes Brot für verhungernde Häftlinge fallen lassen.

Und das waren Deutsche.

Dieses Verbrechen bleibt, wenn man den Blick darauf richtet, immer strahlend und neu, es ist in der Geschichte kristallisiert, und keiner kann den Blick halten, alle Augen müssen blinzeln. Man sieht es vom Mond wie die Chinesische Mauer. Und wie der Kindermord des Herodes wird es vergegenwärtigt, solange Menschen leben.

MÄNNER IN FREIER BAHN
Das Elend des Laptop-Mannes in der Comfort-Zone

Jeder Mensch hat ein Geschlecht, da kann man nun mal nichts machen. Eigentlich stehen nur zwei zur Auswahl, aber derselbe menschliche Einfallsreichtum, der uns in Frankreich die vielen hundert Käsesorten beschert hat, ist die Sache dann noch mal angegangen und hat das Angebot im Laufe der Jahrhunderte aufgefächert, so dass einem Mann heute eine komplette Gender-Palette offensteht. Es gibt den Macker, den Softi, den Checker, die Modetucke, den Automann, den Nerd, den Jock und sogar das Mädchen – alle Kombinationen dazwischen, jede Woche mehr.

Weshalb es aber eine Skala der Männlichkeit geben soll, nach der es männlicher ist, eine Fledermaus zu fangen, um ihr den Kopf abzubeißen, Zigarre zu rauchen und dieses statt jenes Auto mit Benzin zu füllen, welches man darin abfackelt, um schnell und laut über die Bundesautobahn zu brettern, verstehe ich nicht. Völlig schleierhaft ist mir auch jene Magie, die von der Leistungsfähigkeit gekaufter oder geliehener Maschinen, ob Automotor oder Schweiß-brenner, auf den sie benutzenden Mann übergeht. Diese Magie wirkt aber. Ich habe einmal eine Phase der Renovierung und einen Umzug in wesentlich besserem Stand bei den beschäftigten Handwerkern erlebt, weil ich ein Mann war, der einen roten, starken, neuen Akkuschrauber besitzt. Sie haben gleich ganz anders mit mir geredet und gearbeitet. Dabei war kein Vorwand zu billig, sich

den Schrauber einmal auszuleihen. Es war auch völlig un-
erheblich, dass meine Künste im Umgang mit diesem Gerät arg beschränkt waren: ein- und ausschalten, ein wenig
schrauben. Der sichtbar herumliegende Schrauber machte
mich aber zu einem Kollegen, den man mit simplem Ni-
cken begrüßte und dem man mit kennerhaften Lösungen
kam, nicht mit kostentreibenden Bedenken.

Es war aber bloß ein Wahn. Ich war natürlich nicht mehr
Mann als zu der Zeit, bevor ich an der Kasse des Baumarkts
die entsprechende Summe beglichen hatte. Ich frage mich
auch, was passiert, wenn man auf so einer Männlichkeits-
skala ganz nach unten rutscht, alle unmännlichen Attribute
sammelt, als wären es Fußballbildchen – wie etwa mein
Schulfreund, der unter Migräne litt, nie irgendeinen Sport
trieb, die Oper liebte und im entscheidenden Moment
immer einen Hustenanfall hatte. Rutscht man irgendwann
in den Minusbereich und wird ganz amtlich eine Frau?

Die meisten Thesen oder Sprüche über Männer verfeh-
len den Sachverhalt völlig. In Wahrheit denken die meisten
Menschen nicht über ihr Geschlecht nach, sie bewohnen
es. Erst wenn die berühmte Frage »Und was sagen Sie als
Frau dazu?« kommt, stammeln sie sich etwas zurecht, das
zu dem passt, das sie zuvor dazu gelesen haben. Es geht
einem ja auch bei anderen Kategorisierungen nicht anders:
Man lebt so vor sich hin und wird etwa in einer gesel-
ligen, internationalen Runde in den Ferien plötzlich als
Deutscher begriffen, der sich zu seinem Deutschsein verhalten soll, weil er danach gefragt wird: Es wird ziemlich
sicher eine ordentliche Platitude herauskommen. Ich kann
insofern aus Erfahrung sprechen, als ich jenseits des Rheins
als der kühle, rationale und stille Typ aus dem hohen und
kalten Norden gelte, diesseits aber als der lockere, chaoti-
sche Welsche. Und sicher stimmt das jeweils, erst die Frage
macht die Nationalität und das Geschlecht.

Ich schreibe im Folgenden also nicht über das Mannsein an sich, das man losgelöst von einzelnen Individuen schlecht studieren kann, sondern über Männer in freier Wild- und Bundesbahn, daher ist es auch eine Selbstbeobachtung. Es gilt der alte Schülerspruch: »It takes one to know one.« Man muss schon selbst einer sein, um einen zu erkennen. Man regt sich leichter über Verhaltensweisen und Handlungen auf, die man auch an sich selber nicht ausstehen kann, als über völlig entlegene Bräuche.

Paradoxerweise lieferte mir ein exotisches Bild erst den Schlüssel zum Verständnis unserer Lage: In Japan beschäftigt das Phänomen der Hikikomori die Öffentlichkeit, jener jungen Männer aus guten Verhältnissen, die sich aus irgendwelchen Gründen nicht mehr in der Lage sehen, ihr Zimmer zu verlassen. Sie schauen fern, telefonieren, spielen Computerspiele. Essen und Trinken werden ihnen von ihrer Mutter vor die Tür gestellt. So geht das dann eine ganze Weile. Ein bis fünf Jahre sind keine Seltenheit. Es ist, natürlich, eine Krankheit. Eine Form des Asperger-Syndroms womöglich, eine weit schlimmere Störung, als man annehmen möchte.

Man bekommt eine Ahnung von diesen Charakteren bei der Lektüre von Haruki Murakami, dessen Protagonisten immer mal sehr lange Zeitabschnitte in völliger Einsamkeit verbringen. Seine Beschreibungen von Zeit- und Wohnräumen, die still und leer sind, haben etwas sehr Suggestives. Sie kommen nicht nur bei männlichen Lesern sehr gut an, aber seine einsamen Helden sind immer junge Männer ohne Mütter, die zu ihrem Vater ein abgeklärt-distanziertes Verhältnis pflegen, die, wenn sie arbeiten, viel arbeiten, sich auf die Sache konzentrieren und nie eine Clique bespaßen oder Nachbarn unterhalten müssen.

Murakamis Männer sind die zivile, sozial funktionierende Seite der Hikikomori, obwohl der Protagonist des Romans »Mister Aufziehvogel«, der zur Abwechslung einmal längere Zeit am Grund eines alten Brunnens verbringt, schon beunruhigend in Richtung eines Eremiten geht.

Diese Männer haben keine der häufig zitierten männlichen Eigenschaften, sind nicht heroisch-verloren, trinken keinen Alkohol und essen kaum Fleisch, sie sind auch nicht besonders sehnsüchtig, ambitioniert oder faustisch bewegt, selbst die Gretchenfrage wird nicht gestellt: Eher erscheint eine sprechende Katze als ein religiöser Gedanke.

Sie kochen, bügeln, verrichten die Hausarbeit und hören Musik oder lesen, aber nicht in Absprache mit jemandem, geschweige denn für jemanden, einfach aus der Schönheit der Handlung heraus, eine Form weltlichen Zens. Diese Figuren haben über heutige Männer weit mehr zu sagen als Max Frischs Homo Faber oder die Figuren von Hemingway. Wir wiegen auch viel mehr als diese Romanfiguren, die weder Cola noch Schokolade kennen.

Der westliche Mann als Hikikomori verbringt mehr Zeit in seiner Wohnung als auf irgendwelchen Schlacht- und Kampfzonen, aber auch wenn er mal hinausmuss, bleibt er in seiner eigenen privaten digitalen Welt. Von ihr hieß es erst, sie würde die Welt offener machen und flacher, alles richtig – doch es gibt auch die andere Richtung, in der das Leben kleinteiliger, eigensinniger und verstiegener wird. Man kann sich im weltweiten Gewebe zu höchsten Höhen schwingen – aber auch ziemlich gut eingraben.

Nehmen wir die Werbung für einen schönen Laptop der Firma Apple, der über einen guten, breiten Bildschirm verfügt und eine eingebaute Airportfunktion zur drahtlosen DSL-Verbindung. In der Werbung sieht man einen übergewichtigen jungen Mann, der sich auf dem Sofa des Lebens freut, der Claim lädt ein: Auch von hier aus E-Mails checken.

Mein Vater, ein Pfadfinder, Tramper und bis heute

Weltreisender, war der Erste, der mich über die Vorzüge tragbarer Computer aufklärte, deren Siegeszug er in seinem Beruf schon ahnte. Wir waren, frühe 80er schätze ich mal, in seinem idyllischen und entlegenen Pyrenäental und liefen durch ein verlassenes Dorf, komplett mit einstürzenden Steinhäusern. Von einem Felsen aus schauten wir in einen heftig plätschernden Bach. Selbst hier, so die väterliche Prognose, würde ich schreiben können, ein Keyboard auf den Knien werde reichen. Zu Hause hatten wir nicht einmal eine Schreibmaschine. Ab und zu flogen Lochkarten herum. Die ersten privaten Computer standen bei Mathematikprofessoren und wollten nicht wirklich mit den Anwendern reden. Boris, mein nach dem Feindbild der frühen 80er Jahre angemessen benannter Schachcomputer, konnte außer Schach nichts, nicht mal die Uhrzeit, und war ohnehin in jeder Hinsicht so gütig, dass ich ihn problemlos schlug.

Die Vision meines Vaters gefiel mir, auch wenn ich spontan dachte, ich könne doch jetzt schon dort schreiben, mit der Hand nämlich.

Jedenfalls lag der Witz in der ganzen Miniaturisierung und Flexibilisierung der informationstechnologischen Anwendungen darin, wenn man lustig war, in so einem Pyrenäental zu arbeiten und die Erkenntnisse dann eben in die Zentrale zu schicken.

In der Werbung war es plötzlich umgekehrt: Der Laptop sollte garantieren, dass die Couchlandschaft nicht mehr verlassen zu werden braucht, auch nicht an den Standort des Homecomputers einen Raum weiter, wo man allerdings auf einem Stuhl zu sitzen hätte. Der Hikikomori liegt und sitzt aber nicht, er loungt.

Was ist dazwischen passiert? In der Tat konnte man feststellen, dass die Entwicklung der tragbaren Geräte nicht dahin ging, die Welt besser zu kennen und von der Peripherie in die Zentrale zu transportieren. Reisende und Backpacker bevorzugen die legendären Moleskinebücher und suchen, um zu mailen und ihren Blog zu pflegen, das nächstbeste Internetcafé auf. Laptop-User verfolgen umgekehrt den Wunsch, ihr Zimmer möglichst verlustfrei in die Außenwelt zu transportieren.

In Zügen, Flughäfen, Wartesälen und erst recht am Ziel- und Endpunkt jeder Reise sieht man die Lieblingsfilme, hört seine Lieblingsmusik, chattet und surft mit derselben Entspanntheit und Intimität wie in den eigenen vier Wänden. Besonders seltsam finde ich die so erzeugte Mobilität von Fernsehserien: Kaum ein Ritual ist nach meinem Empfinden so sehr den eigenen vier Wänden vorbehalten wie die Serie. Vor allem im Studium, wenn man sich seine Zeit in der Woche immer selbst einteilen muss, entwickelt man eine regelrechte Sucht nach der Regelmäßigkeit dieser Treffen und entsprechende Rituale. Eine mir bekannte Wohngemeinschaft politischer Extremisten war völlig versessen auf das sehr elementare Ratequiz *Bitte zur Kasse* mit Hans Rosenthal, das in Saarbrücken aufgezeichnet wurde und im Saarländischen Rundfunk vor den Regionalnachrichten kam. Es war eine milde Vorform von *Wer wird Millionär*, bloß mit Fragen, die der frühen Uhrzeit und der regionalen Beschränkung angemessen waren. Eine von Rosenthal gewohnt nett gestellte Frage war beispielsweise, ob man eine Insel im Mittelmeer nennen könne. Höchstgewinn waren wenige hundert Mark, vielleicht hundert Euro.

Die harten Jungs, die ich später in ihrer zivilisierten Phase als linientreue Kommunisten kennenlernte, beeilten sich, von ihren Einsatzorten, Baustellen oder Uniseminaren nach Hause zu kommen und sich mit ihrer schwarzen Lederhose und einer Tüte Fruchtsaftmischgetränk und Erdnüssen vor den kastenartigen Altfernseher zu setzen, um mitzuraten. Es sei eine echte Panik gewesen, erzählten sie mir später mit glänzenden Augen, es jeden Tag pünktlich zu schaffen. Anschließend nahmen sie ihre subversiven Aktivitäten wieder auf.

Sie machten sich natürlich über die demonstrative Biederkeit lustig, aber im zelebrierten Kult der schlechten Fernsehsendung lag auch eine aufrechte Freude, deren Ursache ich darin vermute, dass man es auch heute wieder trotz Klassenkampf und antiimperialistischer Aktionen lebendig zurück in die Wohnstube geschafft hatte.

Es ist ein paralleler Trend: Je stärker die Arbeitsgesellschaft sich in eine Dienstleistungs- und Wissensgesellschaft mit flexiblen Arbeitszeiten und alternativen Karrieremustern wandelt, desto üppiger blüht die Serie. Die 90er Jahre waren ein Goldenes Zeitalter des Genres, von den *Sopranos* über *NYPD Blue* und *Emergency Room*, *The Wire*, mit ihren entsprechenden deutschen Versionen und Comedyformaten, nicht zuletzt die unvergleichlichen *Simpsons* – es entstand eine regelrechte Sucht nach der Serie. Es ist ein säkulares Ritual, das einer Form von Geborgenheit korrespondiert.

Mit sehnsüchtigem Blick verfolgen die Zuschauer das Schicksal der vertrauten Charaktere auf dem Flachbildschirm, ob das in einer Wohnung geschieht oder im Großraumwagen ist egal, der öffentliche Raum wird privatisiert, aber nicht in dem Sinne, dass alle Mitreisenden zu Mitbewohnern würden, sondern so, dass eine Trennwand imaginiert wird, wie zum Nachbarn im Wohnhaus.

Und natürlich darf gegessen werden. Allein. Wenn man, wie ich es als Kind auf den sechs Stunden langen Zugfahrten von Paris nach Bordeaux lernte, seine Reiseverpflegung den Mitreisenden anbietet, wird man heute als eine Art Stalker oder Taubenvergifter angesehen. Zugleich wird das Essen im Zug immer seltsamer und umgebungsvergessener, ein geräusch- und geruchsarmes Butterbrot habe ich dort schon lange nicht mehr gesehen. Von frittierten Nordseekrabben über das asiatische Takeaway und immer wieder Hamburger und Pommes oder Döner, es ist unfassbar, was Männer in der Bahn alles in sich hineinschlingen, völlig ohne Sorge, ob der Frittiergeruch nicht alle Mitreisenden nervt.

Nur digital Eingeschlossene vermögen es, sich von den übrigen Mitreisenden derart zu abstrahieren. Deshalb auch dieser Run auf die Plätze mit den Steckdosen. Und zuvor natürlich der Run auf den Sitzplatz überhaupt.

Das Versinken in die Feinheiten und Tücken des Online-Reservierungssystems der Bahn gleicht der Pflege eines leicht absurden und übertechnisierten Hobbys, und Jungs sind darin besonders eifrig. Es scheint geradezu ein Sport zu sein, einen Sitzplatz zu ergattern, als ginge jede Zugfahrt nach Jerusalem. Normale soziale Erwägungen sind in diesem Rahmen schlicht außer Kraft gesetzt. Dutzende Male konnte ich beobachten, wie sich Männer checkerhaft vor einer Sitzreihe aufbauen und der Meinung waren, dies sei nun ihr Platz. Statt zu begreifen, dass der Platz besetzt ist und sich was andres zu suchen, und zwar wenn möglich kommentarlos. Ob da Greise, Schwangere oder völlig verpeilte ausländische Touristen sitzen, die das Schild »Comfort Zone« vielleicht als Einladung missverstanden haben, während es doch höflich sagen wollte, dass sie dort nichts zu suchen haben, egal, Hauptsache schön wieder allein hinter dem Schoßcomputer und das eigene Recht behauptet.

Standen umgekehrt Leute vor den Sitzplätzen der in digitalen Welten abgetauchten Geschlechtsgenossen, wurden erst einmal deren Behauptungen hinterfragt: War das wirklich der Wagen und die Nummer und das Datum? Könne nicht sein. Bestimmt eine Viertelstunde diskutierte ein Typ, der aussah wie einer meiner Klassenkameraden, in einem ICE in voller Fahrt mit einer Dame, die ein kleines Baby auf dem Arm trug. Nicht nur, dass er ihr seinen Sitzplatz ohnehin hätte anbieten müssen, er zog noch jeden einzelnen Teil ihrer Reservierung in Frage, bevor er doch abzog. Er wähnte sich an Bord eines Zuges immer schon im Recht. Zur Bahn haben Männer eine ganz mysteriöse und intime Beziehung, als hätte sie uns schon immer etwas zugeflüstert.

Ein Freund verriet mir mal einen Trick, um in der Bahn nicht kontrolliert zu werden: Man solle sich vor Abfahrt des Zuges dem Schaffner nähern und ihn nach dem Loktyp fragen. Dann nachfassen, warum nicht ein anderes Modell eingesetzt worden sei, und sich erkundigen, was er denn vom annoncierten Nachfolgemodell halte. Oder was die neuen Bremsen taugen.

Mit etwas Sachkenntnis kann man ein einigermaßen langes Fachgespräch in Gang setzen, das die im beruflichen Alltag bloß latente Liebe des Eisenbahners zur Eisenbahn wieder zu echter Virulenz erweckt. Ganz begeistert redet er nun von den Details und Feinheiten der Riesenmaschine Deutsche Bahn.

Der Schaffner hat dann bei jedem der von meinem Freund unternommenen Versuche darauf verzichtet, nach dem Fahrschein zu fragen, sondern bloß stumm ein Zeichen des Wiedererkennens gegeben: Ach ja. Das sind ja Sie.

Mein Freund, das dürfte deutlich geworden sein, kennt sich sehr gut aus mit der Bahn, denn er war als Kind begeisterter Modellbahner. Und der Schaffner eben auch.

Der Respekt meines Freundes für die Bahn war so ausgeprägt, dass er natürlich nie ohne gültigen Fahrschein gefahren wäre, und auch als er diese kleinen Experimente veranstaltete, hatte er stets sein Ticket in der Innentasche seines Sakkos.

Die innige Verbundenheit von Jungs und Männern zur Eisenbahn ist seltsam. Sicher haben Neurologen, Genetiker und Evolutionsbiologen längst die entsprechenden Thesen parat. Die klingen ja immer in etwa so: Der Steinzeitmann war im Vorteil, wenn er schnell mal den Zug nehmen konnte, um ein Mammut zu erlegen und wusste, wo der Güterbahnhof ist, um das ganze Fleisch dann auch nach Hause zu kriegen. Es gab ja noch keine Tüten. Neurologen könnten feststellen, dass im Hirn des Mannes eine Signalanlage eingebaut ist oder dass unsere männlichen Gengitter die Form einer A-Null-Spur haben. Oder was weiß ich.

Die Wissenschaft liebt es, geschlechtsspezifische Eigenschaften nachzuweisen. Da wird die Alkoholkompetenz von Frauen gemessen, die Fähigkeit zum räumlichen Sehen nach Genuss von Bitterschokolade und die Neigung zum Ehebruch bei Dauerregen. Gesucht wird in Wahrheit aber nicht nach einer neuen Erkenntnis, sondern nach einer Bestätigung des Bestehenden: Dass es so sein muss, immer schon so war und gut so ist. Ich warte hingegen auf einen Bericht, der feststellt, dass die Evolution es blöd eingerichtet hat, dass Männer gerne angeben, fremdgehen oder zuschlagen und dass die Natur bestimmte Funktionen schlicht vergessen hat, etwa das automatische Zähneputzen. Aber gesucht wird die affirmative, leibnizsche These: Es hat schon einen sehr guten Grund, warum alles so ist, wie es ist. Ich habe da meine Zweifel: Wozu soll es gut sein, dass sich Männer in Autos, Computer oder die Bahn verlieben? Ich halte es für ein gencodemäßiges Missverständnis, wie bei den Graugänsen, die versehentlich einen roten Gummiball für ihre Mutter halten, weil der im Rahmen eines Experiments vorbeigerollt wurde.

Jedenfalls ist es so: Männer lieben die Bahn und solche Sachen.

Als Relikt des großen männlichen Aggressionsprogramms, dem manchen Theorien zufolge ja ganze Weltkriege und die abenteuerlichsten Eroberungszüge zu verdanken sind, als gegenwärtige, zivilisierte und postmoderne Manifestation dieses genetischen Relikts kann heute die Suche nach einem Sitzplatz zweiter Klasse im Fernverkehr der Bahn gelten. Ich schwelge in manchen dieser Jagdszenen wie ein britischer Major nach der Rückkehr von den Kolonien in seinem Londoner Gentlemen Club.

Selten hatte ich ein so durch und durch reines Gefühl des Rachegenusses erleben dürfen wie an einem Freitag, an dem ich wieder mal von Berlin aus Richtung Westen unterwegs war. Es war ein dermaßen roter Reisetag gewesen, dass sogar ich mich um eine Reservierung bemüht hatte, was so gut wie nie vorkommt, da ich als Bahndauerreisender eigentlich immer einen Sitzplatz finde – dank einiger simpler Tricks, die ich später gerne darlege.

Jedenfalls drängten sich die Leute schon auf dem Bahnsteig, meine Alters- und Geschlechtsgenossen scharrten schon besonders rivalisierend mit den Hufen, das praktische Gepäck kampfbereit und der Blick: böse. Einer war gleich vorne, raste in das Abteil hinter dem Speisewagen, in dem sich die Zone für Vielfahrer und Teilnehmer am Bahn-Comfort-Programm befindet und einige Plätze reserviert sind. Er steuerte auf eine Gruppe zu und fragte allen Ernstes, welcher der Reisenden so eine Karte besäße, das sei nämlich alles reserviert, und es gelang ihm tatsächlich mit seinem Gefuchtel, einen älteren Herrn zum Aufstehen zu bewegen. Er nahm Platz. Nicht lang. Denn nun war die Gasse zur Rache frei: Ich näherte mich und bemerkte mit leiser Stimme, er säße leider auf meinem Platz. Er blickte kaum von seinem Laptop hoch, während

er mich belehrte, dies sei die für Vielfahrer reservierte
Zone und man könne diese Plätze nicht reservieren. Ich
belehrte ihn nun meinerseits, dass man sehr wohl könne
und ich es auch getan hätte. Umstehende nickten leise.
Er verzichtete angesichts meines eisigen Blicks auf weitere Diskussionen und stand auf, zog aber nicht ab, sondern gab abermals den Amateurkontrolleur und wollte
die Bahnkarten der Umsitzenden sehen, aber keiner hörte
so richtig hin. Wie Snoopy sich als Geier auf seine Hütte
setzt, mit vorgebeugtem Hals und tiefen Augenringen, so
stand der arme Mann fortan von Berlin bis Hannover und
wachte, ob sich nicht jemand erhebt.

Natürlich erkenne ich bei der Schilderung solcher So-
ziopathen auch meine eigenen misanthropischen Momente. Eines Abends war ich todmüde in den Zug gestiegen,
musste aber noch etwas arbeiten. Ich hatte einen idealen
Sitzplatz belegt und freute mich auf eine ungestörte Fahrt,
als plötzlich ein Vater mit seinem kleinen und schlecht ge-
launten Kind ankam, ich weiß nicht mehr, ob Mädchen
oder Junge. Augenblicklich bemerkte ich den typischen
Unease, diese Empfindlichkeit, verbunden mit möglichen
Beschwerden vorwegnehmenden Peinlichkeitsattacken von
Vätern mit ihren Kindern in der Öffentlichkeit. Das Kind
war zwischen zwei und drei, Wutanfälle jederzeit zu erwarten, der Mann erkennbar nicht auf der Höhe – die Sache
musste schnell angegangen werden. Mit einem lieben Lä-
cheln zu dem lieben Kleinen und einem verständnisvollen
zu dem überforderten Vater, der offenbar selten Zug fuhr,
wies ich ihn darauf hin, dass es in diesem Zug ein wunder-
bares Kinderabteil gebe, das den Kleinen immer ganz besonders toll gefällt.

Selten so gelogen. Diese Abteile sind reine Ghettos aus
blauem Plastikplüsch, in denen nervenschwache Eltern
sich verbarrikadieren, weil sie es nicht zu verhindern ver-

mögen, dass sich die Kinder an Mitreisenden vergehen. Ich selber würde mit Kind das Abteil nie aufsuchen, ebenso wenig wie ich ein reines Männerabteil aufsuchen würde. Das ist ja gerade das Lustige und der Sinn an der Bahn, dass alle mit allen fahren. Ohne zu protestieren, schob der arme Mann ab. Ich hatte für diese Fahrt wenigstens erfolgreich meine Intaktheit verteidigt.

Oft genug bin ich es, der flieht: Gegen eine Truppe von rüstigen Rentnern um die Fünfzig, die Sekt trinken und singen, ist Einspruch zwecklos.

Viele hundert Stunden habe ich in der Bahn verbracht. Schon als Kind, rechnete mein Großvater mir mal aus, habe ich im Zug zweieinhalb Mal die Erde umrundet, auf der Strecke Saarbrücken–Bordeaux und zurück

Da die Fahrten länger dauerten, waren es ausgesprochen gesellige Angelegenheiten von großer Relevanz. Ein Gespräch ergab sich zwangsläufig, allein aus Langeweile und weil die Züge gern mal stehenblieben. Diese Gespräche in der Bahn begründete sogar eine eigene psychologische Theorie, das Stranger-on-a-Train-Phänomen, dem zufolge es oft leichter ist, einer fremden Person, der man begrenzte Zeit auf engem Raum begegnet und die man wahrscheinlich nie wieder sieht, etwas anzuvertrauen, als etwa dem Partner oder den eigenen Eltern. Man kann auch, so die geniale literarische Idee von Patricia Highsmith, einen Mord verabreden.

Heute ist das anders. In Tausenden von Stunden im ICE ist es mir kaum je gelungen, ein vernünftiges Gespräch zu führen, noch habe ich das Bedürfnis danach verspürt. Ich bin aber dennoch Zeuge der unglaublichsten Intimitäten geworden, sie waren nicht unmittelbar an mich gerichtet, aber es wurde doch in Kauf genommen, dass ich mithöre. Seit der Verbreitung der Mobiltelefone ist die größte Abhöranlage des Landes nicht mehr der militärisch geheimdienstliche Komplex, sondern die Deutsche Bahn. Ich habe Schwüre, Lügen, Koseworte und noch mehr abgehört.

Auch Frauen waren mitunter unfassbar schockierend, aber die größte Diskrepanz zwischen Erscheinung und fernmündlich gesprochenem Wort habe ich bei Männern beobachtet. Da sind die Lügen. Lügen, die so flott von den Lippen kommen und so öffentlich fröhlich gezwitschert werden, dass man fassungslos ist.

Wenn beispielsweise der Zug steht. Der Zug steht also, und, im Hinblick auf den Börsengang und die Weltmeisterschaft hatte sich die Bahn ja in puncto Information mächtig angestrengt, augenblicklich kommt eine Durchsage, dass es noch etwa eine Viertelstunde dauern werde und man die Verspätung bedauere und so weiter. Zufällig standen wir an einem Bahnhof, wer dringende Termine hatte, konnte aussteigen. Doch der Mann vor mir dachte nicht daran, diese Informationen auch zu nutzen. Er rief augenblicklich seine Sekretärin an und erklärte, wir stünden auf nicht absehbare Zeit »in der Pampa«, sie solle all seine Termine in Berlin absagen, das werde nichts mehr. Legte auf und stieg in Hannover aus, während wir weiter- und mit bloß etwas über zehn Minuten Verspätung in Berlin einfuhren. Weiß der Geier, was der Mann an einem Werktag in Hannover angestellt hat. Und warum es ihm so egal war, dass mindestens zwei Dutzend Mitreisende mitbekamen, dass er sich an einem gewöhnlichen Werktag in Deutschland einfach so aus dem Staub macht.

Eine seltsamere Szene konnte ich beobachten, als ich in einem Großraumwagen allein mit einer Feiergruppe saß, einem Verein, der nach Berlin unterwegs war und früh die Sektflaschen öffnete. Angeführt wurde die muntere Truppe von einem recht sympathisch wirkenden Mann in meinem Alter, der den Vorstand machte. Was es für ein

Verein war, erschloss sich mir nicht so ganz, aber sie pick-
nickten ordentlich, sangen und erzählten Witze. Ich hatte
mich ans andere Ende des Großraumwagens zurückgezo-
gen, als plötzlich der lustige Animateur zum Telefonieren
in meine Nähe kam. Er sprach mit einer offensichtlich
in Panik geratenen Mitarbeiterin, die sich um die Buch-
haltung seiner Firma zu kümmern hatte. Bei der trafen in
kurzer Folge immer dringendere Telefonate der Bank und
diverser Gläubiger ein, und er gab ihr mit matter Stimme
Anweisungen, die Fristen von Zahlungen zu manipulie-
ren, Geld von einem Konto zum anderen zu verschieben
und ganz generell die Insolvenz wenigstens bis Montag
hinauszuzögern. Das war an einem Mittwoch. Er hatte
also, während seine Firma den Bach runterging, noch eine
zweite Spur, auf der er laufen konnte, eine Feier – So-
jung-kommen-wir-nicht-mehr-zusammen-Spur. Als ich
ihn wieder nach vorne spurten sah, war mir klar, dass kein
einziger von seinen Reisegefährten wusste, mit wem und
worüber er gerade gesprochen hatte.

In einem in Frankfurt einfahrenden Zug war es einmal ein Bankangestellter, der die Verantwortliche eines
kleinen Unternehmens darüber unterrichten musste, dass
der wichtigste Kunde bei der Bank eine Vertragsauflösung
angezeigt hatte. Die genauen Verhältnisse wurden nicht
klar, wohl aber zweierlei: Der Mann hatte Kenntnis von
einem Kündigungsfax, welches das unmittelbare ökonomische Ende der kleinen Firma nach sich zog, und das
wollte er, schon mal vor Geschäftsbeginn und auf dem
direkten Weg, per Mobiltelefon verraten. Er sprach wie
ein Pfleger auf der Notfallstation, der das Ableben eines
Patienten zu überbringen hat. Ich saß unmittelbar hinter
ihm, mit ein oder zwei Googleanfragen hätte ich dank der
von ihm ausgeplauderten Namen und Infos herausfinden
können, um welche Firma es geht. Ich hätte es so noch

vor ihren Mitarbeitern erfahren. Ganz offensichtlich fiel es dem Mann schwer, die Bahn als öffentlichen Raum zu begreifen, in dem ein anderes soziales Verhalten gefragt ist als in seinem Büro.

Dem entspricht, wie es Pierre Bourdieu in seinem aus anderen Gründen schwer umstrittenen Essay über die männliche Herrschaft beschrieben hat, die Stellung des Körpers im Raum, also wie sich der gemeine mitteleuropäische Mann durch den Wagen schleppt, als ob weder vor noch hinter ihm jemand zu erwarten wäre. Es ist keine böse Absicht, viele Mitmänner erstaunt es wirklich, wenn hinter ihnen jemand durchmuss oder vor ihnen jemand stehen bleibt, um etwas zu verstauen oder weil er unsicher ist, ob die Sitzplatznummer stimmt.

Diese leicht autistische Art der modernen Hikikomori hat auch Vorteile: Alleinreisende Frauen können ohne Furcht vor Belästigung den Zug nehmen, sie werden gar nicht wahrgenommen. Es gibt keine echten Kämpfe und keine Meutenbildung und keine Verfolgung von Andersaussehenden. Es gibt überhaupt keine richtige Wahrnehmung von oder Auseinandersetzung mit dreidimensionalen Phänomenen. Auch auf den Bildschirmen sind Spiele in 3D die Ausnahme, lange hinter Fernsehserien und den ewigen heiß geliebten Listen, ob es Excel-Tabellen sind, E-Mail-Verzeichnisse oder die Outlook-Kontaktliste, immer lässt sich noch was rumfummeln und verschlimmbessern.

Diese Beobachtungen beziehen sich auf die große Mehrheit derer, die, wie ich, regelmäßig und beruflich mit der Bahn unterwegs sind und von den Umständen bald abstrahieren. Die Seltenfahrer überraschen hingegen mit unerwarteten Gefühlsausbrüchen. So konnte ich einmal zwei ausgewachsene Muskelmänner studieren, beide mit Glatze und ganz offensichtlich nach dem optischen Vorbild »Meister Propers« gestaltet. Sie fuhren kaum je mit der Bahn, aber an diesem Tag waren sie auf einen Wettbewerb oder Einsatz eingeladen. Es verhielt sich bei ihnen wie beim Lyriker mit Deutschlehrerstelle: Ihre Leidenschaft war das Bodybuilding, aber ihr Brotberuf war die Securitybranche. Sie waren Anfang, höchstens Mitte zwanzig und sahen aus wie eine graphische Darstellung der Mandelbrotschen Menge, bloß verkehrt herum. Im Zug fanden sie mal Zeit und Raum, miteinander zu reden, es ging um Shows, Events und Einsätze und um die Berliner Nachtclubszene, wo sie insbesondere den Kit Kat Club erwähnten, vor dem sie Respekt hatten. Immer weiter fuhr der Zug in die Nacht, immer emotionaler wurde die Begegnung der beiden, die sich vorher offenbar nur flüchtig gekannt hatten.

»Ich weiß noch genau«, offenbarte sich der eine, »wie mal Heinz Rühmann seinen letzten Auftritt bei *Wetten dass* hatte.« »O ich auch, was habe ich geheult, wie ein Schlosshund«, »ja Wahnsinn, das ging mir ganz genau so«. Beide waren sich einig: Diese Szene war nicht nur ein bewegender Fernsehmoment, das war der schönste Moment ihrer Kindheit überhaupt.

So sehr Männer vor allem der Finanzdienstleistungs-, Immobilien- oder Versicherungsbranche, ja selbst der Verlags- und Medienbranche sich in der Gesellschaft und ihren technischen Umgebungen bewegen wie ein Fisch im Wasser, so schwer tun sich mitunter Akademiker mit der neuen Zeit. Im Speisewagen saß einmal ein Trio von Altphilologen zusammen, die offenbar von einer Tagung zurückkehrten. Die Männer waren im sogenannten besten Alter, einer, der ewige Assistent, etwas jünger, und sie litten nicht eben an Minderwertigkeitskomplexen. Sie waren jeweils mal der jüngste Ordinarius an ihrer Fakultät gewesen und von klein auf Genies in ihren speziellen Disziplinen. Ihre Karriere war heroisch, gegen Widerstände, aber unaufhaltsam bestiegen sie früh die wichtigsten Lehrstühle – und sie rekapitulierten genüsslich die wichtigsten Stationen. Gegen modische Trends in der Wissenschaft brachten sie ihre fundierten Kenntnisse an, was aber alles nichts nützte. Bei angesagten Autoren bemängelten sie deren mangelnde Kenntnisse der griechischen Originaltexte, und in Berufungskommissionen, aus denen sie freimütig plauderten, versuchten sie mit dem Hinweis, dieser oder jener Bewerber habe immer nur die Übersetzungen von Klassikern und keine Originaltexte gelesen, deren Berufung zu verhindern. Allerdings, wie sie sich Ofenkartoffel mit Lachs essend eingestehen mussten, ohne jeden Erfolg: Die Punkte, die sie anführten, wurden nicht in die Wertung aufgenommen. Sie hatten denselben verdutzten Blick, mit dem die legendären osmanischen Bogenschützen auf eine Abordnung von Gewehrschützen geblickt haben.

Völlig uneingeschüchtert vom Professorentitel zeigten sich auch unzuverlässige Handwerker, rebellische Nachbarn und geldgierige Vermieter, die ihnen eine Satellitenschüssel aufs Dach und in Rechnung stellen wollten, obwohl es im Haushalt keinen Fernseher gab. Besonders die ökonomische Seite machte ihnen zu schaffen, alle möglichen Typen, die das Studium abgebrochen oder gar nicht erst begonnen hatten, verdienten plötzlich eine ganze Stange mehr Geld, aber nicht nur das, die fortschreitende Technisierung, Informatisierung und Digitalisierung des Alltags ließ ausgerechnet sie wie Analphabeten erscheinen. Wo aber blieb die soziale Anerkennung für die geleistete Arbeit im Dienst der klassischen Philologie?

Ebenso muss es jenem Herrn ergangen sein, der mit mir nach Berlin fuhr. Ganz klassisches Exemplar, wie ich es seit der Kindheit kenne: Pepitasakko, graue Hose, kurzes, leicht bläulich schimmerndes weißes Haar, dieses Rasierwasser, das nach Spekulatiuskeksen riecht, Aktentasche und – was man kaum noch sieht: Autofahrerhandschuhe, ohne Finger mit Belüftungslöchern auf dem Handrücken. Doch er war nicht im Auto unterwegs, obwohl er seine Platznachbarin über eine ganze lange Strecke von den Vorzügen eines neuen Modells unterrichtete. Irgendwann unterbrach er seinen Monolog zögernd, um anhand der roten Anzeige über der Glastür festzustellen, mit welcher Geschwindigkeit wir da durch die Lande brausten. Über Zwohundertfuffzig nach Berlin, das macht natürlich kein Auto mit. Und auch die finanzielle Seite der Angelegenheit war, wie er leise darlegte, nicht eben zu seinen Gunsten: Sein chicer Wagen verlor permanent an Wert, dann die Sorge um den intakten Lack und die Benzinkosten, Abgaben und so weiter, der Automann war umgestiegen auf eine Bahncard Hundert.

Spontan fiel mir der Kinderwitz ein von Django, dem das Pferd gestohlen wurde und der den Saloon betritt, um die zitternden Zecher zu informieren, dass das Pferd weg sei und ob sie nur eine Ahnung hätten von dem, was nun passieren werde? Antwort ist nur Zähneklappern, bis Django erklärt, er werde nun – zu Fuß nach Hause gehen.

Waren Männer im Zug stets Wesen in Verhältnissen, die sich zu ihren Ungunsten veränderten, wogegen sie sich in eine Art digitalen Autismus oder eben Lügengebäude flüchteten, schockierten reisende Frauen durch die Offenheit, mit der sie die Dinge für alle Beteiligten wahrnehmbar regelten. Wohl keiner der Gäste jenes Samstagabend-ICE aus Berlin in Richtung Köln wird die Fahrt vergessen, auf der eine junge, etwas verlebt aussehende Schwarzhaarige am Telefon einen Überraschungsbesuch bei ihrem untreuen Freund ankündigte. Während der mit einer anderen, wie sie genau wusste, zu Hause *Wetten dass* sah, plante sie am

Telefon mit einem Nachbarn, dort aufzutauchen und die Schlampe plattzumachen. Der Freund sei krank, liebeskrank, und das auszunutzen sei Missbrauch. Der werde sie es zeigen. Beide würden ja nicht ahnen, dass sie gerade mit über zweihundert Stundenkilometern durch die Nacht saust, in Berlin würden sie sie wähnen, dabei habe sie schon genau vor Augen, wie sie gleich durch den Hintereingang schleichen würde. Und dann werde es ihr heimgezahlt. Begründet wurde die Racheaktion aber nicht mit blanker Eifersucht, sondern mit einem modernen Therapieansatz: Der Freund war wegen seiner extremen Liebesbedürftigkeit als ein Kranker, ein Abhängiger anzusehen, der eben nicht nein sagen konnte. Die Frau, die so etwas ausnutzte, war nicht besser als jemand, der sich an einer Betrunkenen vergeht – dafür fand sie drastische Worte, sie sprach davon wie von einer in der ganzen menschlichen Gemeinschaft bekannten Regel: Nie darf man Betrunkene flachlegen! Doch die Nebenbuhlerin kannte diese Regel nicht oder fand sie für diesen speziellen Fall nicht anwendbar, auch die Dame am Telefon ging ja davon aus, dass die beiden in Ruhe auf dem Sofa sitzen und *Wetten dass* schauen, der Ablenkungseffekt der Sendung war sogar ein wichtiger Teil ihres Plans! Es war schockierend, aber authentisch.

Ebenso das Fachgespräch einer lateinamerikanischen Prostituierten, die vom Speisewagen aus bald mit ihrer Kollegin, bald mit einem Kunden den kommenden Einsatz besprach. Während sie den »Süßen« danach fragte, wie sie an der Rezeption vorbei auf sein Zimmer kommen könne, drängte sie ihre Kollegin vor Ort zur Eile, den »Alten abzugreifen«, bevor »die Russinnen« ihn »klarmachen«. Außerdem solle sie unbedingt einen Rasierer einstecken, sie habe ihren vergessen, und es müsse mal wieder sein. Die freundliche alte Dame im Wagen, die in Ruhe vor ihrem Viertel Riesling saß, wusste kaum noch, wohin mit sich.

Der Zug hatte Verspätung, der Kunde hatte aber schon sein
Viagra eingenommen, die Pharmaindustrie und die Bahn
standen also im direkten Wettbewerb um die Realisierung
des Geschäfts, die Dame kannte genau den Takt des Pro-
dukts. Das Ganze spielte sich in meinem Rücken ab, ich sah
sie erst, als wir alle ausstiegen: Unter einer dicken Schicht
Make-up waren vielleicht vierzig Kilo Frau, selten habe ich
ein verloreneres Wesen gesehen. Nancy Reagan hätte sich
neben ihr wie eine von Russ Meyers Heroinen ausgenommen, doch die mangelnde Größe machte sie durch grim-
mige Entschlossenheit wett. Über den geistig-seelischen
Allgemeinzustand ihrer Kunden mochte man gar nicht erst
nachdenken. Die nette alte Dame und ich ließen ihr beim
Aussteigen selbstverständlich den Vortritt, schließlich war ja
Eile geboten. Immerhin hatte sie uns vollumfänglich über
den Stand der Dinge aufgeklärt. Auch wenn wir es gar nicht
so genau wissen wollten.

Im Kölner Zoo gibt es neben dem amtlichen Menschen-
affenhaus ein ältliches Haus für kleinere Affenarten, das
innen sehr schön gestaltet ist. Der Boden ist ganz mit wei-
chem Mulch übersät, zwischen den Käfigen können die
Tiere in der Höhe in Gittergängen umherrasen, es ist eine
Illusion von Freiheit bei gleichzeitiger fürsorglicher Einge-
schlossenheit. Mich faszinierte immer eine bestimmte Af-
fenart, deren Name ich vergessen habe. In deren Gruppe
gab es ein dominantes Männchen, ein Tier, das wesentlich
größer war als all die anderen Tiere in der Horde. Man
konnte seine ausgebildete Brustmuskulatur studieren,
auf der er mit seinen Fäusten nach Art der Gorillas her-
umtrommelte, wobei sich seine Mähne wild hin und her
bewegte. Er war unter seinen Affen der König, kein anderes Männchen und sicher kein Weibchen oder Jungtier
war so stark, so groß oder agil. Von Zeit zu Zeit blickte er

zum Gitter hin, nach draußen, und sein Blick hatte etwas Verwegenes und zugleich auch Verzweifeltes, denn er war in all seinem Alpha-Affentum gerade mal 20 cm groß. Jede Barbiepuppe, die ihm böse Schülerinnen entgegenhielten, überragte ihn um einige Haaresbreiten.

Verhältnisse, selbst und auch gerade Größenverhältnisse, schwanken, und für die Männer ist das gegenwärtig besonders schwindelerregend.

Zahlreiche Studien belegen, dass Jungen in der Schule ins Hintertreffen geraten, in fast allen Branchen entfaltet der weibliche Nachwuchs eine bemerkenswerte Dynamik. Die Welt, in der der Mann im Zentrum stand und seine Attribute von allen als die besten übernommen wurden, geht langsam unter. Sie ist freilich noch nicht ganz verschwunden, das bemerkt man – am eigenen Körper.

Als Kind beginnt das körperliche Messen mit jenen für Außenstehende undurchschaubaren, absurden Rollnummern und Ringkämpfen auf dem Boden. Es ist nicht ganz überflüssig. In meinem Fall führte die Lage der Dinge – in unserer Straße gab es eine Jugendbande mit vielen stärkeren Jungs – dazu, dass ich lernte, mir Schutz zu organisieren. Jungsbanden sind hierarchische Gebilde und von daher unersetzlich, um die Orientierung darin zu üben. War ein Konflikt erst ausgetragen, respektierten alle das Ergebnis. Besonders brutal waren wir nicht: Es handelte sich um eine Form des Ringens und Schubsens, mit einigen Schienbeintritten, aber ohne Waffen und ohne Blut.

Ich sorgte auf dem Schulhof immer dafür, dass genug Größere in meiner Nähe und mir gewogen waren, das lief über reine Sympathie. Es ist mir immer gelungen, aber ich durfte es auch nicht vergessen. Erst als Erwachsener fiel mir das wieder ein, als ich mal meinen alten Schulweg ablief: Ich konnte diese Sorge, die mir ganz entfallen war, plötzlich riechen. Welcher Starke hat heute mit mir Pause?

Es ist nicht so, wie manche Frauen annehmen, dass Männern die Welt von Anfang an offensteht, das verhindern schon die arrivierteren Männer eine ganze Weile lang. Darum ist die Nachwuchspflege von Männern durch Männer im Beruf eine heikle Angelegenheit: Die ganze akademische Welt ist voller Beispiele, in denen der sogenannte Doktorvater auch zur größten Gefahr für seinen Assistenten wird.

Als Junge und schmächtiger Teenager lebte ich – und meinen Freunden ging es eigentlich genauso – jahrelang ein Leben in nahezu völliger Unsichtbarkeit, jedenfalls was den öffentlichen Raum anging. In Geschäften wurde ich übersehen, in Schlangen abgedrängt, in Gesellschaften nicht angesprochen, und sobald ich auffiel, wurde ich gefragt, was ich dort zu suchen habe. Ich fand das nicht diskriminierend, sondern bloß logisch: Junge Frauen sind womöglich attraktiv, junge Männer sind eigentlich bloß anwesend, werden von älteren als Konkurrenz wahrgenommen und nerven ganz allgemein mit ihren diffusen Ambitionen. Sobald ich größer als 1,80 m war und zugleich an Gewicht zulegte, änderte sich das, und dann wieder, als ich dreißig war und einem Beruf nachging. Bald schon fragte niemand mehr, ob ich eine Einladungskarte zu einer Veranstaltung besitze, denn wenn ich mich irgendwo hinbewegte, unterstellte mir jeder gleich einen guten Grund.

Der verdrängte Raum wirkte natürlich in mehrere Richtungen: Konnte ich früher völlig unbemerkt eine leere Buchhandlung betreten, mich dort stundenlang aufhalten und auch wieder entschwinden, ohne etwas zu kaufen, fiel jetzt schon das Betreten des Ladens auf. Mein übliches geflüstertes Hallo genügte nicht mehr, laut und sonor musste gegrüßt und geklärt werden, dass ich nicht nur nicht in feindlicher Absicht, sondern auch nicht als Kontrolleur oder sonstige Nervensäge kam, vor allem wenn das am hellen Vormittag war, an dem normale Männer meiner Klasse in Büros saßen. Umgekehrt verstummten Runden, wenn ich zu reden begann, auch wenn sicher nicht anzunehmen war, dass ich irgendwie kompetent sei.

Kurzum, die Magie hatte zu wirken begonnen, mir kam zugute, was der amerikanische Soziologe George Lipsitz im Zusammenhang mit dem latenten Rassismus in den USA *possessive Investment* nennt: Man genießt plötzlich Vorteile, die sich aus latent angelegtem Sexismus ergeben, der nun seine Wirkung zu entfalten beginnt.

Heute ist es zwar nicht mehr wie in der Nachkriegszeit, als weiße Haut, Anzug und Beherrschung des Hochdeutschen für nahezu jeden Posten ausreichten, aber noch immer gibt es kaum etwas, das man weißen Männern mit Hochschulstudium nicht zutraut. Das Problem ist nur, dass die Männer selbst hadern, zögern und sich in ihrem digitalen Kokon wohl fühlen.

In der Regel wurden wir auf solch eine Verantwortung gar nicht vorbereitet. Jegliche Berufs- und Studienberatung zielte darauf ab, der mit Sicherheit nahenden Arbeitslosigkeit zu ent- und irgendwie unterzukommen. Das war aber die falsche Perspektive: Eigentlich stand uns, der am besten ausgebildeten und gepflegten Generation, die je gelebt hat, alles offen. Doch der Blick war oft nur auf das Schlimmste gerichtet: Eine Arbeitsbeschaffungsmaßnahme galt als eine ziemlich gute Option, ein Stipendium als Lottogewinn und eine sogenannte feste Stelle als sagenhafte Größe, die vielleicht die Eltern mal in der Ferne erblickt hatten, in unseren Lebzeiten aber nicht wieder zu erwarten wäre.

Die Professoren waren in mehrere Lager gespalten: Da waren die, die immer den nahenden Untergang kommen sahen und denen man mit kleinbürgerlichen Berufsfragen nicht kommen konnte. Da waren andere, die ihren eigenen

Aufstieg nicht vollendet hatten, die zwar den Lehrstuhl ihr Eigen nannten, aber nicht den Ruhm, und die darum nie Zeit hatten. Wieder andere kümmerten sich aufopfernd um ihre Leute, fragten in ihren Kreisen nach guten Posten und schufen so ein belastbares Netzwerk in ganz Deutschland. Denen bin ich aber nicht begegnet.

Die meisten hatten einfach genug mit sich zu tun. Karrieren dauern lang in Deutschland: Mit 60 ist man ungefähr da, wo man hinmöchte, und hat einen ersten Überblick und die Möglichkeit, Dinge zu bewegen. Dann verfliegen aber schon die Jahre bis zur Altersgrenze. Und ungefähr das Letzte, was man auf Erden möchte, sind ehrgeizige Männer Mitte zwanzig, die sich überlegen, was sie besser machen könnten, und die nerven, ob man noch eine Einladung zum Empfang übrig hat.

In anderen Zeiten übernahmen die Söhne in der Regel das, was der Vater gemacht hatte. Da ja historisch langfristig gesehen bis ungefähr vor fünf Minuten alle Menschen in der Landwirtschaft und die Männer ab und zu in der Armee beschäftigt waren, stellte sich die Frage nach Ausbildung und Karriere kaum. Heute ist es so, dass viele Berufe, mit denen die Väter ganze Familien ernährt haben, verschwunden sind, dafür sind ganz neue Branchen entstanden, von denen aber noch völlig offen ist, was sie taugen. Wie klingt das: »Sohn, ich habe dreißig Jahre lang Klingeltöne verkauft, ab heute wirst auch du ein Jambaianer?«

Und damit ist auch die Rolle des Vaters in der Familie völlig offen: Ernährer wäre schön, ist aber entweder nicht nötig oder nicht möglich. Mitbewohner, Hausmann, Kümmerer – eigentlich muss jede Familie das selbst und neu herausfinden. Es ist, wenn man es nüchtern betrachtet, ein ziemlicher Krampf, den am besten Barack Obama in seinem Buch beschrieben hat: Keine Rolle sei ihm so schwergefallen wie die des Ehemanns und Vaters. Nicht, weil es ihm nicht gefallen hätte, sondern weil ihm die Anforderungen und Kriterien nicht klar waren. Er selbst hat seinen Vater nur zweimal gesehen, ist bei der Mutter und seinen Großeltern aufgewachsen. Draußen, in der Universität und der Berufswelt, findet er sich zurecht, aber in der von ihm gegründeten Familie? Was wird da von ihm erwartet? Ist ein guter Vater der, der den Zaun repariert und Glühbirnen wechselt, oder einer, der draußen was darstellt? Die Konfusion wird in der berühmten Episode deutlich, als seine Töchter mal gleichaltrige Freundinnen zu Besuch hatten. Obama schneit kurz ins Kinderzimmer, geht auf die Mädchen zu und schüttelt den kleinen Gästen herzlich die Hand, als seien es Wählerinnen in der Shopping-Mall. Seine Töchter jaulen peinlich berührt auf, das geht natürlich gar nicht. Kinder, belehren sie ihn, begrüßt man ohne Anfassen, nur mit einem leichten Winken!

Viele Gleichaltrige möchten sich gern kümmern, haben aber keinen rechten Plan. Freiheit fällt leichter als Verbindlichkeit. Typisch sind die Auftritte bei Kindergarten- und Schulfesten, wo Männer regelmäßig für die große Show zuständig sind und die Mütter die Details regeln. Bei einem Kindergartenfußballturnier, mitten in der Woche, waren kaum Väter anwesend. Die, die doch den Weg dahin gefunden hatten, kamen aber alle in voller Fußballmontur und machten eine große Sache daraus, den Kindern ihrer Mannschaft angeblich todsichere Tipps zuzurufen. Das Training an sich hatten natürlich die Kindergärtnerinnen übernommen. Und als sich das Turnier in die Länge zog und die Mannschaft des eigenen Kindes zurücklag, blickten sie doch auf die Uhr. Irgendwann liefen versprengte Väter ratlos über den Platz: Sie hatten ganz einfach keine Ahnung mehr, was sie noch hier sollten. Oder wollten.

Homer Simpson ist immer noch die treffendste männliche Figur der Gegenwart: Er hat nur zwei Modi zur Verfügung. Entweder er schwingt die Fäuste und brüllt drohend herum. Oder er fällt auf die Knie und fängt an zu weinen. Beides bringt ihm natürlich Spott ein und sonst nicht viel.

Wer Freundinnen hat, die noch auf der Suche nach einem passenden Partner sind, kann die erstaunlichsten Geschichten hören. Es ist ein Vor und Zurück, ein Sich-Binden und dann wieder nicht, eine Sehnsucht nach Freiheit und extremer Geborgenheit zugleich, ein Herumstehen und an Eisenbahnen denken, gefolgt von stalkerhaftem Hinterherlaufen und Eifersuchtsattacken. Und immer wieder: Abtauchen, sei es, dass sich unmittelbar nach der Geburt des gemeinsamen Kindes der existentielle Drang regt, mit den Touareg durch die Sahara zu ziehen, sei es bloß geistig, dass immer wieder mal alles durchgerechnet werden muss. Umso größer ist der Respekt vor bestehenden und funktionierenden Familien: Jede findet einen anderen Dreh. Das macht das Privatleben im Westen so komplex, aber eben auch so interessant.

Das Leben des Landes ist woanders: Statt die Protagonistenrolle auszufüllen, sind die Männer meiner Klasse Sidekicks einer Show, die von Älteren, von ambitionierten Frauen und Migrantenkindern bestritten wird, eine ganze Kohorte von Manuel Andracks, die trotz immenser Kenntnisse, trotz Kursbüchern, Landkarten, GPS und DSL leider völlig den Faden verloren haben.

Und hier noch die versprochenen Sitzplatztipps:

Jeder Zug ist voll und leer zugleich. Es gibt historische Ausnahmen, etwa wenn zuvor ein komplettes Fahrverbot herrschte wie beim Orkan Kyrill, dann kann man schon mal zu dritt in der Toilette durch das Ruhrgebiet reisen müssen, was durchaus heitere Züge hat.

Im Normalfall aber sollte man sich selbst von auf den Gängen campierenden Fahrgästen nicht abschrecken lassen. Selbst wenn viele Sitze frei sind, bleiben manche im Gang stehen. Der Grund ist Scham: Sie bringen es irgendwie nicht über sich zu fragen, ob der Platz noch frei ist.

Nicht einschüchtern lassen: Meistens sind die freien Plätze wirklich frei, der ganze Kram darauf ist nur Abschreckungsmimikry, der die Ansprechschwelle noch weiter hinaufsetzen soll. Trotzdem ist es letztlich nur Kram und kann woanders hin. Dasselbe gilt bei Reservierungen: Diese Leuchtzeichen sind nett, aber nicht die mosaischen Tafeln: Ich selber habe x-mal reserviert, ohne den entsprechenden Zug dann tatsächlich zu nehmen. Und dann lohnt es sich, die reservierten Abschnitte genau zu studieren. Wenn man es in Kauf nimmt, sich ab und zu mal umzusetzen, findet man eigentlich immer einen Sitzplatz.

Eine gute Idee ist auch, den Zugbegleiter zu fragen. Verbindet man die Bitte nicht mit einem langen Vortrag über das »Typische« an der Bahn, sondern sagt etwas, das entfernt auf ein Interesse an Lokomotiven schließen lässt (»Ist dies ein Fliwatüt 123?« reicht völlig, diese Profis glauben ohnehin, dass man keine Ahnung hat, und haben bessere Laune, wenn man dieses Vorurteil noch bestätigt), geht es noch einmal so schnell. Oft gibt es einen Wagen ohne Reservierungen, den können sie einem schnell zeigen.

Kinderabteile sind bei späten Zügen meist leer. Die spektakulären Cockpitabteile in der neusten ICE-Generation werden gerne *en bloc* gebucht und dann doch nicht genutzt, da lohnt sich ein Blick auf die letzten Plätze.

Die Suche nach einem Sitzplatz rührt an irgendwelche Urkonflikte zwischen Sesshaften und Nomaden. Kaum sitzen sie, werfen einem Mitreisende ganz gelbe Blicke zu, weil man so suchend umherstreift. Das ist halt ein Urzeitreflex. Nachfragen hilft. Manche lügen zwar krass, aber mit dem freundlichen Versprechen, wieder aufzustehen, wenn die Freundin oder Frau, die angeblich seit drei Stunden irgendwo alleine frühstückt, zurückkehrt, arrangiert sich alles.

Hingucken, fragen, sich kümmern, so findet man immer seinen Platz. Und weitersagen: Nicht selten verfallen gerade Senioren in Schockstarre und lassen sich lieber durch den Gang kegeln, während alle Kids ihre Rucksäcke neben sich haben, als mal Leute anzusprechen. Das kann man auch für andere tun. Und Männer in den besten Jahren, die Mütter mit kleinen Kindern vom Platz vertreiben wollen, weil sie reserviert zu haben glauben – auch das wurde schon beobachtet –, können durchaus mit einem Kommentar von dritter Seite zurechtgewiesen und getröstet werden: Man findet immer einen Platz.

UMZÜGE
Liegt die Zukunft der Menschheit im Karton?

Der große französische Soziologe Pierre Bourdieu fuhr mal mit der Métro nach Hause und hatte Mühe, sich auf »Le Monde« vom Nachmittag zu konzentrieren. Vor ihm saßen zwei Frauen und erzählten sich ihr Leben, aber nicht mit den Worten, die man nachts um eins in der Küche gebrauchen würde, sondern anhand von Wohnungen: Die eine schilderte ihre erste Adresse in Paris, eine kleine Dachkammer, dann eine WG mit einer Freundin, dann die andere, wie sie mit ihrem ersten Freund zusammenzog, sich trennte, eine neue Arbeit aufnahm, erneut umzog und mit ihrem jetzigen Mann erst eine Wohnung und nun ein kleines Häuschen bewohnte. Es war ein Leben in Umzügen. »Sie brauchen«, erklärte Bourdieu uns Doktoranden triumphierend, »nicht immer komplizierte Modelle und Theorien, um eine Schnittstelle zwischen Geschmack und Klassenlage, zwischen subjektiver Interpretation des eigenen Lebens und den objektiven sozioökonomischen Fakten herauszubekommen, schauen Sie sich bloß die Umzüge an.«

Es gibt heute kaum jemanden, der noch nie umgezogen ist. Allein der Krieg hat fast jeden Europäer gezwungen, seine Heimat zumindest kurzfristig zu verlassen. Meine Großeltern sind mehrmals beruflich umgezogen, selbst die Urgroßeltern folgten als Lehrer ganz selbstverständlich ihrer Berufung auf neue Stellen.

Umzüge sind eine Erfindung der Neuzeit. Wer in der Geschichte der Menschheit fliehen musste oder, um sich zu ernähren, an einen anderen Ort zog, der nahm eben so viel mit, wie er für seine Verpflegung auf der Reise brauchte, sowie, falls vorhanden, einige Werkzeuge. Später gab es Truhen für die Kleidung und Bücher, aber der Wahn, einen gesamten Hausstand von A nach B zu verpflanzen, mitunter aus den frivolsten Gründen, das ist eine Krankheit der Moderne.

Das menschliche Gehirn ist also evolutionär gar nicht dafür vorgesehen, umzuziehen. Es hat sich ja nach Zehntausenden von Nomadenjahren erst mühsam an die Sesshaftigkeit gewöhnt, und diese Kombination aus Häuslichkeit und Migration in einem knallroten Umzugswagen, die ist eigentlich ein Schritt zu viel. Der Unternehmer Klaus Zapf, der ein Vermögen mit dem Bewegen des Hausrats der Deutschen gemacht hat, hält den Umzug sogar für einen schweren psychischen Schock, vergleichbar nur mit Scheidung oder Tod eines nahen Angehörigen.

Ich bilde da keine Ausnahme: Noch am Abend, bevor der Möbelwagen kommt, erfasst mich eine kalte Erkenntnis: Es wird nicht passieren. Ich meine nicht, dass der Termin verschoben wird oder der Laster eine Panne hat, sondern dass es physikalisch unmöglich ist, all den Kram so zu komprimieren, dass er abgefahren und woanders wieder aufgebaut werden kann.

Umzug ist eine existentielle Erfahrung: Wussten schon Edmund Husserl und Martin Heidegger, dass dem Menschen die opake Materie der ihn umgebenden Dinge schwer zu schaffen machen kann, weil immer irgendwo was ist, in der Gegend herumliegt oder an den Fingern klebt. Noch bevor man genau drüber nachgedacht hat, triumphiert das Zeug beim Umzug endgültig. All das, was man sich, ohne es zu wollen zugelegt hat, was einem zugeflogen ist oder geschenkt wurde, liegt nun anklagend in den Schubladen und erwartet, sorgsam in Kartons umgebettet zu werden, als handele es sich um die Gebeine eines prominenten Heiligen: Leere Batterien, eine Kassette mit dem O-Ton eines längst abgedruckten Interviews, Löffel mit Stadtwappen auf dem Stiel, leere Tuben Sofortkleber, ein alter Zirkel und abgebrochene Buntstifte – alles will mit. Sicher, man leert und leert, ganze schwarze Müllsäcke werden gefüllt mit Kram, und doch wird es kaum weniger.

Zugleich tauchen Sachen auf, die man in seinem ganzen Leben nicht braucht, aber in den Tagen vor dem Umzug gleich mehrfach nachkauft und plötzlich immer in der Tasche hat: braunes Klebeband, Sekundenkleber, Dübel und Teppichschneidemesser. Käme man in einem Krimi in eine Polizeikontrolle, stünde man gleich als Serienmörder da. Man zieht aber bloß um.

Die mit einem Umzug verbundenen Handwerksarbeiten sind immer anders und schwer vorherzusehen, eins aber sind sie nie: einfach. Ich warte noch auf den Handwerker, der mir erklärt, es sei alles ein Klacks, er mache das schon sein Leben lang und werde das so wuppen, dass es für mich gut ausgeht. Wie der Klempner in dem schönen Norman-Jewison-Film *Moonlighting* trägt der gewissenhafte Handwerker gern eine sorgenvolle Miene zur Schau und gibt zu bedenken, welche katastrophalen Folgen eine billige und schnelle Lösung mittelfristig haben könnte: »Es kostet Geld, weil es Geld spart.«

Kein Wunder, dass die Baumärkte voll sind. In einem Bundesland wie dem Saarland verfügt sowieso traditionell jeder über Freunde oder Verwandte, die auch die komplexesten Bauaufgaben lösen können. Dort war der Eigenbau des Eigenheims oder des Anbaus seit Beginn der Industrialisierung ein fester Teil der wirtschaftlichen Existenz, der von den Arbeitgebern gefördert wurde, etwa indem das private Verwenden von überschüssigen Baumaterialien toleriert wurde. Keller ausheben, Bad fliesen, Dach decken, das wird in Nachbarschaftshilfe realisiert. Und wer über solche Fähigkeiten nicht verfügt, kennt immerhin welche, die das können.

Für die anderen hält ja die chemische Industrie immer neue Überraschungen parat. Unendlich war meine Faszination, als die erste Sekunden-Zweikomponenten-Klebmasse auf dem Markt war. Es ist ein grauer Knetmantel mit einem weißen Knetkern. Die beiden muss man zusammendrücken, bis eine einheitlich hellgraue Masse entsteht, die ziemlich schnell aushärtet und dann quasi zu Stein wird. Ich stand lange vor dem Monitor mit dem ewig gleichen Werbefilmchen, um zu betrachten, was die Wundermasse alles hält: dichtet Wasserrohre, klebt Löcher, man kann sogar einen Dübel hineindrehen und einen schweren Spiegel dranhängen. Kein Problem für den Superstoff. Seitdem habe ich bestimmt mehrere Tonnen davon verarbeitet, in Umzugs- und Renovierungszeiten träume ich davon, mir einen Viva-Zapata-Patronengürtel links und rechts über die Brust zu legen und ihn mit den kleinen Röhren des Wunderklebers zu bestücken. Er ersetzt Dübel, Spachtelmasse, Dichtungsringe und eigentlich alles andere komplizierte Zeug. Es ist eine Brücke zwischen dem freien Willen des Menschen und der sperrigen Gegenwelt der Objekte. Sartre hätte eine Hymne drauf verfasst – wäre er jemals umgezogen.

Umzug ist heute eine allen Zeitgenossen gemeinsame Erfahrung: Jeder ist gerade dabei, wird bald oder möchte gerne umziehen. Man muss dabei nicht unbedingt weit herumkommen, ich kenne Menschen, die allein im engeren Stadtgebiet von Saarbrücken über zehn Mal umgezogen sind.

Jeder Umzug hat seine dramatische Struktur: Da ist die

Besiegelung des Vertrags, der den Startschuss darstellt, und dann beginnt die Zeit zu rennen. Noch bei jedem Umzug habe ich mir zum Trost vorgestellt, wie ich, wenn die neue Wohnung dann mal bezogen ist, dort am Donnerstagabend in aller Ruhe die »Zeit« auf dem Fußboden ausbreite und Seite für Seite studiere. Ich habe das nicht ein Mal gemacht, es ist eine Art Trostillusion, hat wohl etwas mit der Weite einer leeren Wohnung zu tun, in der Platz wäre für das breite Format des Blatts. Sobald der ganze eigene Kram dort abgeladen ist, ist es natürlich aus damit, und man hat ja gar nicht mehr Zeit als vorher, weil man plötzlich nicht mehr dauernd zum Baumarkt rennen muss. Trotzdem ist jeder Umzug zumindest in Teilen auch ein Versprechen: näher am Wald, näher am Hallenbad, besser zum Ausgehen, besser, um seine Ruhe zu haben. Dass ein Zusammenhang besteht zwischen der Art, wie und wo ich wohne, und dem, der ich wirklich bin, davon ist vermutlich jede menschliche Gesellschaft überzeugt, aber erst seit kurzem ist es möglich, diese Gleichung von der Seite der Immobilien her zu verändern: Ich suche mir eine neue Wohnung, fliege aus und lande in einem neuen Leben.

Früher, also die allermeiste Zeit, die die Menschheit auf der Erde verbracht hat, waren solche Verwandlungen vom Einzelnen nur schwer zu initiieren. Stand, Familie, Beruf und sozioökonomischer Status bestimmten die Spielregeln, die Leute wohnten in der Nähe des Hofs oder der Werkstatt, wenn sie Glück hatten, oder eben dort, wo sie es sich leisten konnten. Sicher, abhauen, ins Exil konnte man immer und wurde nicht verfolgt, aber das bedeutete ja auch den schmerzlichen Verlust lebenswichtiger Kontakte. Dass der Mensch einfach so umziehen darf, ist eine historische Errungenschaft: Der Umzug einer Frau, dem etwa eine Trennung vorausgeht oder der einfach einer Laune entspricht, ist heute die zivile und fröhliche Behauptung einer schwer erkämpften individuellen Freiheit: Bis vor kurzem brauchte man in Europa zu so einem Schritt die Zustimmung des Ehemanns. In allen arabischen Ländern ist es heute noch so. Baumärkte und natürlich Ikea bieten die Elemente einer neuen Bleibe, eines neuen Lebens zu Preisen an, die man sich selbst ohne männlichen Ernährer leisten kann. Als ich mich von meiner ersten Freundin trennte und auszog, führte ihr erster Weg ins nächste Ikea. Als ich ein letztes Mal vorbeikam, um noch einige Platten abzuholen, sah ich, dass der Raum, den ich einst eingenommen hatte, nun lauter schwedische Vornamen trug.

Umzug und Liebe, Liebesglück oder Liebeskummer sind ebenso verwandt wie Umzug und beruflicher Auf- und Abstieg. Deshalb geht es bei jedem Umzug immer auch um die ganz grundsätzlichen Fragen: Wie wird mein Leben? Gibt es dort Glück für mich? Und darum misst man dem allerersten Kontakt mit den neuen Nachbarn auch so eine überdimensionierte Bedeutung bei, er ist ein soziales Orakel.

Der Umzug ist nach Victor Turner eine »liminale Phase«, in der alles Mögliche passieren kann. Darum braucht ein Umzug Riten, ja einen Zaubertrank. Da Alkohol strikt verboten ist und auch Koffein von den Profis nicht geschätzt wird, greife ich seit vielen Jahren zu Fanta Maracuja. Ich würde das sonst nie anrühren, die Helfer oder Profis logischerweise auch nicht, aber am Ende eines Umzugtages sind alle Flaschen leer. Es hat noch immer beschützt und Kraft verliehen.

Man kann noch so viele Checklisten machen, es bleibt der Horror, vorher. Der Umzugstag selbst ist eine Erfahrung von Losgelöstheit, die ohne Drogen nicht zu haben ist: Der gesamte Besitz ist der Schwerkraft entrissen, er könnte überall zu ruhen kommen und natürlich auch komplett verschwinden: Kaum ist der Möbelwagen um die Ecke gebogen, weiß man ja kaum noch, was drin ist.

Lange habe ich bei Umzügen von Freunden geholfen. So haben es schon meine Eltern gehalten: Allerhöchstens ein Wagen wird gemietet, aber so viel wie möglich wird mit Freunden geschleppt. Da sind dem Wahnsinn Tür und Tor geöffnet. Legendär ist jener Umzug einer Freundin meiner Mutter, bei dem wir Helfer gegen neun Uhr morgens eintrafen und eine munter frühstückende Familie vorfanden. Der Honig stand noch auf dem Tisch, kein einziges Teil war in irgendeinem Karton. Es gab nicht mal genug Kartons. Diese Aktion zog sich gruseligerweise bis in die tiefe Nacht. Es fing auch noch an zu regnen, ein *worst case.*

Einem Umzugshelfer kann man nichts verbergen. Lange habe ich mich gefragt, ob das nicht gerade unsere Funktion war, dass man uns als Publikum brauchte, um mal die eigenen dunklen Kammern zu lüften. Ich nannte das die Monster. Waren Wohn-, Schlaf und Arbeitszimmer leer, alle schweren Sachen verstaut, kam der Umzügler mit einem heiklen Thema. »Räusper räusper – wir hätten da noch den Keller.« Oder die Kammer. Oder die Garage. Es ist unfassbar, wie viel Zeug man in kleinen Räumen stapeln kann, die man nicht mehr benutzen möchte. Eine Sammlung Eierkartons zu Dämmzwecken, alte Vertikos von der Großmutter, Kisten voller alter Spiegelhefte – nicht die Menge oder das Gewicht waren hier belastend, sondern die Erkenntnis der völligen Absurdität solch eines Archivs und dass der Freund, dem man hilft, offenbar verrückt ist. Verzeihen oder Besprechen reicht an so einem Tag freilich nicht: Man muss die Last des anderen wirklich schleppen. Es ist tätige Reue für die Sammelsünden anderer. Und verbindet ungemein. Irgendwann leert man sogar die Nachttischschubladen, Unterwäschefächer,

Tresore, Geheimschubladen, Tagebücher und Fotoalben der Freunde, denen man hilft, ohne mit der Wimper zu zucken. Müdigkeit und der Wunsch, die Sache zu beenden, übertrumpfen jeden Voyeurismus. So ein Umzugstag braucht einen Höhepunkt. Das ist meistens der Transport der Waschmaschine. Obwohl die heutigen Maschinen längst nicht mehr das Gewicht der frühen Modelle mit ihren beschwerenden Metallplatten bringen, ist das doch ein Tagesordnungspunkt, vor dem man Respekt haben sollte. Ist die Maschine erst mal im Wagen, ist das Schlimmste geschafft – so lange jedenfalls, bis die erwähnten Monster offenbar werden.

Jede soziale Veränderung kann sich in einem Umzug äußern, das sind also nicht immer nur erfreuliche Anlässe. Aber auch erfreuliche Anlässe können einen traurigen Umzug ergeben, wenn man wegen eines neuen Jobs eine Stadt verlassen muss, in der man sich wohl gefühlt hat. Das verändert auch den Umzug selbst: In der neuen Stadt hat man keine Kolonne von Freunden, die den Wagen ausladen. Als ich das erste Mal genug Geld hatte, ein Unternehmen zu bestellen, da musste ich das auch tun, denn ich hatte gewissermaßen mehr Geld als Freunde. Es war ein völlig unproblematischer, kleiner Umzug innerhalb Hamburgs, von dem ich kaum noch etwas weiß, außer, dass er sehr schnell über die Bühne ging. Statt am Abend waren die Schlepper schon am frühen Nachmittag mit den letzten Lampen und Pflanzen die Treppen hochgekommen. Wir nahmen in der funktionsfertig eingerichteten Küche Platz, der Kolonnenführer schrieb die Rechnung, ich einen Scheck, und wenige Sekunden später breitete sich die Stille zwischen den Kartons aus. Sicher, manchmal war es mir zu spät gewesen, bis die letzten Helfer Wein und Bier ausgetrunken hatten und man ins eben so zusammengeschraubte Bett fallen konnte, aber die vielen Stimmen tun einer eben bezogenen Wohnung gut. Am Umzugstag muss es laut sein.

Es ist dennoch beachtlich, was professionelle Umzugsunternehmer leisten. Es sind die letzten Allroundhandwerker, die sich mit Strom, Wasser, Gas ebenso auskennen müssen wie mit Kunst und Schreinerarbeiten, und das, obwohl sie meist nicht mal eine Lehre beendet haben. Man kann da eine Menge lernen. Ein eher dicker Kollege, etwas kleiner und jünger als ich, verblüffte mich mal damit, dass er nicht eine, zwei oder drei, sondern gleich vier Bücherkisten auf seinen runden Rücken lud, ein wenig wie Obelix die Hinkelsteine. Als ich eine erstaunte Bemerkung machte, erklärte er mir wie dem letzten Hinterwäldler, man trage Lasten »im Kopf«, ob ich das denn nicht wisse?

Während eines anderen Umzugs hatte ich mit den beiden Seiten von Imagebildung zu tun: Ich habe einige Bücher, keine Rekordgröße, aber mehr als der Kollege, der mit ihrem Transport beschäftigt war – ein Junge mit dicken Brillengläsern, der sich nur schwer artikulieren konnte. So viele Bücher, das fand er klasse, und ich stieg darum in seiner Achtung. Den ganzen Tag lief er hinter mir her, ich hatte da einen Fan. Doch je enger unser Verhältnis wurde, je mehr er sich dazugehörig fühlte, desto heftiger wurde seine Kritik an meinem Kleiderschrank, der nichts weiter ist als ein alter Bundeswehrblechspind. Einer mit so vielen Büchern, sein Held, sollte nicht so einen klapprigen blöden Metallschrank haben, sondern etwas Gediegenes. Je mehr ich erklärte, dass mir der Spind ganz gut gefällt und ich weder auf Möbel noch auf Kleidung und also schon gar nicht auf etwas, das mit beiden zu tun hat, gesteigerten Wert lege, desto mehr sah er sich aufgerufen, mich von meinem Irrweg abzubringen. Nur mit Müh und Not schaffte es sein Chef, ihn dazu zu bewegen, das Ding nicht auf der Straße stehenzulassen.

Es ist ein Beruf in einem Zwischenreich, niemand sucht ihn sich wirklich aus.

Ein Monteur und Fahrer, neben dem ich während einer kurzen Fahrt in Köln saß, erklärte mir mal sein ökonomisches Modell, das im Wesentlichen um eine Rückenverletzung herum strukturiert und natürlich gleich in mehreren Punkten illegal war, dank der er als Frührentner galt und aufgrund deren er zugleich eine Umschulung zum LKW-Fahrer bewilligt bekommen wollte, um irgendein Modell mit Aldi-Zulieferern zu realisieren, es war ein großes Ding, ich verstand nur Bahnhof, aber bevor er mir den großen Zusammenhang zwischen Bandscheiben und Bundessozialgesetz erläutert hatte, waren wir auch schon da, und er musste Küchenoberschränke aufhängen.

Der Umzug ist auch eine der letzten Gelegenheiten, an denen nur Bargeld genommen wird: Sowohl bei Hinterlegung der Kaution als auch nach Abladen des Umzugsguts wechseln dicke Bündel den Besitzer.

Nach bestandenem Umzug findet auch, sofern man nichts ausfrisst, der einzige regelmäßige Kontakt mit dem Staat in seiner Funktion als Obrigkeit statt, nämlich auf der Meldestelle. Und dafür, dass dieser Kontakt nur so selten stattfindet, ist er doch gleich ziemlich intim, weil wir oft ins Innere eines Arbeitslebens vordringen, ein enges Plätzchen mit Blick auf schön gepflegte Topfpflanzen, Familienfotos, Plüschtiere und diese kopierten Zettel mit Bürowitzen: »Ich bin auf der Arbeit, nicht auf der Flucht.« Selber fliehen kann man da ja schlecht. Ich habe dann immer noch eine ungekündigte Zweitwohnung oder ein anderes Relikt aus einem früheren Leben im System, und wir beide, der Staat und ich, staunen.

All diese Umzüge wirken wie eine große Vorbereitung. Eines nicht mehr allzu fernen Tages wird die gesamte Erdbevölkerung umziehen. An manchen Samstagen im

November oder Mai scheint es einem ja fast so: Vor allen Bürgersteigen ist abgesperrt, die grünen Blätter der Yuccapalmen tanzen auf ungeübten Unterarmen durch die Altbauviertel. Da tobt der große allgemeine Wohnungstausch, heute bleibt kein Billyregal angedübelt. Tatsächlich wird die Logistik der Umzugsunternehmen immer besser: Flughäfen, Parlamente, die komplette Bundesregierung werden ohne größere Verluste von hier nach dort verfügt. Warum sollte es nicht mit dem gesamten Planeten möglich sein? Chinesen packen selber, Amerikaner haben eh zu viel und sind froh, wenn sie's los sind, die meisten Erdenbewohner haben kaum etwas. Das passt in die karierten Reißverschlusstaschen, mit denen alle Migranten ihre Habseligkeiten befördern. Einige Milliarden Kartons, einige Millionen Fahrten zum Weltraumbahnhof Baikonur, und die Erde wird besenrein übergeben. Bloß mit dem Nachsendeantrag wird es schwierig.

Wir unterscheiden die frühe Geschichte in Steinzeit, Bronzezeit, Eisenzeit und sind nun, glaube ich, nicht in der digitalen, sondern der Kartonzeit angekommen: Leicht, vorläufig und doch belastbar ist das Leben, das wir heute führen.